MATIN

And… e, en pays ouvrier, le N… (philosophie), puis jou… ain surtout : une tre… velles. Des films à la t… dante, La Croisée, Le Dernier Train, Les Petits Soirs. *Des dramatiques sur* France Culture. *Habite maintenant le Roussillon. Prix Populiste 1967 pour l'ensemble de son œuvre. A été élu membre de l'académie Goncourt en mars 1977.*

Un été, nous dit l'auteur, a vu naître la plus grande partie de ce livre : quelques pages chaque matin. Leur matière : l'imprévu de la veille, les surprises que chaque jour fait à l'écriture et l'angoisse ou le fol espoir d'une nuit, un sourire de la raison, les pièges de la mémoire. Cela part dans tous les sens, sur des routes, des autoroutes, des sentiers de montagne, et cela fait vite tout un monde, uni dans le désordre, partiel et très présent, singulièrement vrai. Des motos, des autos, un poids lourd, des étudiants, des filles nues, un amour voué aux serpents d'eau, des soldats, un petit inventeur, un chien trouvé.
Les scènes de ce monde se déroulent en Languedoc et dans le Nord, les deux sources géographiques de l'inspiration d'André Stil. Comme l'auteur vous y invite avec son titre, lisez chaque matin une de ces quelque vingt histoires : elle ne vous quittera pas de la journée.

Paru dans Le Livre de Poche :

DIEU EST UN ENFANT.
LE MÉDECIN DE CHARME.
L'HOMME DE CŒUR.
LES QUARTIERS D'ÉTÉ.

ANDRÉ STIL
de l'Académie Goncourt

Une histoire pour chaque matin

GRASSET

TITI, LA NUIT

Un aboiement me réveille, faible, lointain. Vivre à la campagne, à la lisière d'une forêt, presque dans la forêt, vous rapproche des bêtes. Comme elles, on ne dort que d'une oreille. Si vous avez un chien, c'est lui qui veille. Sinon, il faut faire confiance aux autres. Comme chacun prie pour sa chapelle, une fois ou deux par nuit, la sécurité de tous vos voisins vous épuise.

Que fait l'écrivain réveillé pour rien, à moins d'écrire. Sans papier, sans crayon, rien, il écoute en lui les mots qui viennent, comme un petit aboiement à ses frontières. Il les écoute et les regarde, un par un. *Aboiement.* Le mot n'est pas beau. Alors qu'il y avait, tout à côté, tellement plus direct, plus court, plus fonctionnel, *aboi,* si justement conservé dans l'expression : *aux abois...* Il n'ignore pas que c'est à cause de cet emploi, spécialisé, spécial chasse à courre, qu'aboiement nous reste sur les bras, plus laid, plus lourd. Une injustice de plus : un mot de luxe réservé, une fois par an, au fond de forêts de plus en plus rares, à dix roquets, ornement de massacres anachroniques, quand des millions de clebs prolétaires traînent comme une chaîne notre façon d'appeler leur cri de tous les jours. Sans parler de la réduction, à ce très commun dénominateur, de ce qui est pour eux confidence ou vocifération, cantique ou vivat, hosanna ou hourvari... Oser commencer tranquillement : Un aboi me réveille... sans qu'on puisse me soupçonner d'imprécision ou de coquetterie... Il y a beaux jours, d'ailleurs, qu'« aux abois » ne dit plus seulement la douleur des biches. Quelques humains, par le monde, le sont encore de temps en temps. *Cave canem*. Pourquoi ne viendraient pas aussi des mots latins? Surtout la nuit. Venus de si loin aussi, jeunes et longues études. Il revoit même très nettement la mosaïque en question, tous crocs dehors, reproduite à droite d'une page de droite du vieux Gaffiot. Tention au chien!... Avec la brève envie de mettre sur la porte de sa cave à vin : *Cave vinum*, chacun libre d'y voir énorme faute ou fine plaisanterie... Arrête tes conneries, dors.

Un aboi, donc, me réveille. Un autre. Plus proche. Et le premier, derrière, ne s'est pas tu, tient la note et même la force un peu, comme un nasard en fond d'orgue. Je n'ai plus de chien. J'en souffre, et pour autre chose que la garde. Je l'ai perdu il y a un an, grand briard un peu fantasque, noir, savamment appelé Tchorny, perdu au bout d'une de ces maladies sauvages que nous guéririons depuis longtemps si elles nous menaçaient un peu plus, la leischmaniose. Je souffre aussi de la crainte, si je lui donne un successeur, de le voir passer à son tour par ce malheur ou par un autre. Si je me mets à dire les tragédies de mes bêtes... Aimées, soignées, n'empêche, dans quelle misère et quelle torture il faut presque toutes les voir finir... Surtout si on prend pour elles comme pour soi les risques de la liberté, loin des villes, une liberté de nature, de montagne, garrigue, brande, bord de fleuve ou de mer. J'attends tout de même un pékinois, plus facile à protéger peut-être, ma femme en rêve, et aussi vigilant qu'un autre. Ce n'est pas la méchanceté qui m'attire, ni la force. Je n'ai que faire d'une bête de combat. Quand on m'a donné un petit chat, je l'ai très vite appelé Titi pour l'empêcher de devenir Rominet. C'est maintenant une grande merveille rousse, mâle et coureur comme pas un, un peu couturé du museau mais plus langoureux qu'une chatte sur notre lit, nos canapés et fauteuils, nos genoux, nos épaules.

Qu'est-ce qu'ils ont, cette nuit? Un troisième, plus près encore, donne de la voix. Et soudain, je comprends. Entre les trois, quelque chose d'autre ondule, saute et court, avec des hauts et des bas, des passages dans des creux, des diagonales sur des pentes. Et là, je n'ai besoin de l'autorisation de personne pour dire que le renard glapit. Goupil glapit. Depuis le Moyen Age. Il n'a pas changé. Il n'a pas cessé de courir les collines, en lançant son cri de chasse. On dirait que c'est le même, immortel, et toujours héros de roman. Il glapit, aussi naturellement que le lapin, dans son clapier, clapit. Clapit et chouine, surtout quand Goupil lui tord le cou.

Cinq ou six chiens s'acharnent maintenant à éloigner l'impudent. Tous ne sont pas enfermés ou enchaînés. Deux ou trois déboulent dans sa direction, sur le versant du ravin. Parmi eux, mes plus proches voisins, que je connais par leur nom, qui viennent chez moi quand ça leur plaît, manger un morceau, pisser sur mes pneus, pour disputer le territoire au fantôme de Tchorny.

Et soudain, l'horreur me jette hors du lit. Un hurlement est parti, tout près, un hurlement comme on n'en entend presque jamais, où une bête jette tout ce qui lui reste de force, de souffle, le dernier hurlement.

Un hurlement de chat.

Si près, ce ne peut être que Titi. Ma femme, éveillée d'un coup, aussi bouleversée que moi, nous voici sur la terrasse éclairée, mais que faire?

La nuit noire tout autour. Le renard a cessé de glapir, son affaire faite. Il ne va pas donner son adresse aux chiens, qui ne le coursent pas bien loin. Il file, la gueule pleine de roux et de sang, jusqu'à manger tranquille. Tous se taisent. Le calme est revenu.

Avec une lampe électrique, capricieuse comme toutes, je descends prudemment entre des ronces, nu comme j'étais dans le lit. Il n'y a pas un air de vent, mais les bons et mauvais contacts de la lampe mettent les arbres en tempête. Je cherche un Titi blessé, égorgé, qu'on puisse sauver encore. Je l'appelle. Il va peut-être me répondre doucement. Ma femme aussi l'appelle, de là-haut, de très haut déjà. Quelques chiens à cause de nous recommencent à aboyer, sans grande conviction, ceux qui n'ont pas compris.

Je cherche plutôt la place où les choses se sont passées, une trace, rousse et rouge, tout ce qui resterait de notre chat. Je ne trouve rien, évidemment. Nous rentrons, affolés, frileux, coupables, désarmés. Il est trois heures du matin.

Tous les chiens se reposent de leurs émotions. Ma femme se rendort un peu. Moi aussi, peut-être. Entre somme et veille, comme on dit dans mon Nord, je me fais à l'irréparable. Fini, Titi. Je le revois plus beau que nature, tous ses défauts effacés, ses sautes d'humeur, des fiertés incompréhensibles. Je le caresse comme jamais, et il me montre l'exemple, exigeant qu'on l'aime. Il n'a plus de griffes, autrement il s'en serait servi pour se défendre. Rien ne le diminuait, il pouvait, comme Tibert, naguère, se faire respecter. Il n'est pas rare que les chats, par ici, meurent du renard. Mais c'est qu'ils sont déjà blessés, ou malades, affaiblis. J'ai dû en perdre un autre ainsi, et qui m'a quitté, comme s'il le savait, un soir, une longue plainte comme adieu. Dans l'énervement du demi-sommeil, le lieu du crime devient aussi net qu'un abricot sur une tarte. Et voici que je ne sais plus s'il vient d'Eluard ou de Rimbaud, ce bref poème où il n'est pas question d'un renard, mais d'un loup, qui « riait sous les plumes » d'un « festin de volaille ». Et me retraverse l'image d'un lièvre ou un lapin écrasé sur une route, autour de laquelle j'ai écrit un jour une histoire. Je suis si profondément malheureux que ce lit m'est trop doux. J'y suis trop tranquillement plein de carnages. Les bêtes, bien sûr, qui n'en finissent pas, de jour comme de nuit, sauvages ou domestiques. Mais aussi les hommes, si spontanément et comme innocemment cruels avec les bêtes. Strychnine pour les renards, justement, dans les trous où chiens, chats, n'importe, en prennent en passant. Strychnine au coin d'une maison, où un énorme et doux berger des Pyrénées, libre la nuit, faisait peur à un voisin ? Ce n'est pas le saint-bernard blanc qui en meurt, mais une vieille chienne enceinte pour la dernière fois, le ventre ravagé. Et cruels entre eux, les hommes, encore et partout dès qu'on ouvre le journal, la radio, la télé. Qui dira non ? Tant remuer pour la mort d'un chat...

Je me lève à six heures, maigre grasse matinée. A cause de tout ça, je n'ai pas travaillé ce matin. D'habitude, même s'il est quatre heures, cinq heures, Titi arrive, prendre un acompte sur son petit déjeuner, une poignée de croquettes. Ces derniers temps, souvent, il n'était pas seul. Il avait fait une conquête, une toute jeune chatte noire, fragile et craintive, qui semblait n'avoir pas de maison. Il l'invitait, s'effaçait, la laissait commencer à manger avant lui, puis l'accompagnait pour le plus gros. Elle non plus ne vient pas ce matin.

Titi arrive à sept heures. Seul. Une joie honteuse m'emplit d'un coup. Titi intact, un peu retardé par la douleur, sans doute, de l'avoir perdue, elle. Il ne touche pas aux croquettes. On le cajole, on l'embrasse. Ce n'est qu'à partir de maintenant qu'on va l'aimer vraiment.

*

Une voisine vient peu après. Elle nous dit :

– Vous n'avez pas entendu, cette nuit, votre chat?

Je corrige :

– Ce n'était pas notre chat. Il est là.

– Oh! Si, c'était lui. Je l'ai vu!

– Mais?...

Eclaircissement : le cri n'était pas d'un chat, ni Titi ni un autre. Nous faisons de ces erreurs : Eluard, Rimbaud?... Il était d'un cochon d'Inde, qu'avait cette voisine, dans une petite cour. Avait. Et c'est Titi qui a fait le coup.

On le regarde. Il soutient nos regards. Il ne paraît pas loin de croire qu'on l'admire et le félicite.

Il s'éloigne doucement, de cette façon qu'il a quand il n'est pas contre qu'on le suive.

A l'entrée de la cave, la fiancée noire est couchée. Trois petits sous elle. Deux noirs et un gris-roux, plus fort que les autres. Ils ont l'air d'avoir faim.

LE CHIEN ARABE

C'EST vrai qu'elle redevient plus propre, depuis un moment. Tout le monde s'en rend compte. Elle-même s'en rend compte. Ce qui lui avait échappé, c'est comment elle avait cessé de l'être, lentement, sur trois ou quatre ans. Le résultat lui avait sauté à la figure, dans le cri d'un gamin, et tout de suite après dans un miroir. Il essayait de lui voler trois noisettes au coin du cortal. Elle lui a couru après avec son bâton. Elle l'aurait peut-être jeté vers lui, elle n'aurait pas frappé. Lui n'avait que sept ans et un petit mur à descendre. Il a eu trop peur pour peser ses mots :

– Vieille sale !

Vieille ? Sans doute. Soixante-cinq ans. On ne se voit pas. Personne ne se voit, surtout pour ce qui est de vieillir. Une femme encore moins ? Elle a été belle, jusqu'à cinquante ans, elle en est à peu près sûre. Quarante ans à peine quand il a fallu quitter Oran, et elle n'était pas encore seule. Elle n'est veuve que depuis six ans. Ce malheur-là, d'Oran, a déjà vingt-cinq ans au fond d'elle. Celui des dernières années l'enterre, l'efface, ces années justement où elle se voit seule.

Et sale ? Devant le miroir, elle n'a pu en douter. Cette ombre entre cou et menton, sous les oreilles, comme quand elle était petite fille, mais aussi ces rides accusées, pointillées, sur le front, aux tempes. Ces cheveux. Secs, plus gris que blancs.

Il y a un an, un grand chien, très laid, jaune, se montre au bout de la cour. Là, elle l'a jeté, son bâton. Le chien, hors de portée, a à peine reculé. Est-ce qu'il la sentait seule? Elle aurait peut-être mieux fait de garder son bâton à la main. Prudemment, elle s'est avancée pour le reprendre. Le chien avançait aussi, encore plus doucement. Quand elle a pu, vite, ramasser le bâton, elle n'a plus osé le jeter. De là, elle l'aurait touché, sûrement. Elle a seulement fait le geste. Un drôle de saut à l'envers!... mais il ne s'est pas enfui de trois mètres. Comme elle revenait vers la maison, il l'a suivie, gardant la distance. Elle n'avait pas dit un mot. Elle n'avait rien à lui dire. Elle ne l'avait jamais vu et espérait bien qu'il allait s'en aller, elle ne le reverrait plus.

Il est toujours là. Les premiers jours, elle en avait plutôt peur. Son air obstiné, l'air d'attendre quelque chose, le moment de quoi? Elle lui trouvait des allures de loup. Elle se demandait s'il ne sentait pas la mort autour d'elle.

Au bout de deux jours, elle s'est dit qu'il devait commencer à avoir faim. S'il en devenait plus méchant?... Elle n'a pas été jusqu'à prendre une assiette propre. Elle a enlevé une écuelle de sous un pot de fleurs, y a jeté des restes de son midi, un os, des peaux, même des pommes de terre, elle ne savait pas qu'il pouvait en mourir, elle n'avait jamais eu de bête. Du chou aussi, du pain, plutôt sec, la première tranche de baguette, qu'elle ne mange jamais, les croûtes qu'elle avait laissées, un peu de sauce au fond. Elle lui a porté ça au milieu de la cour, l'a avancé vers lui du bout du pied.

– Tiens, crouillat... C'est bien bon pour toi.

Il la regardait de loin, de l'entrée de la cour, qu'il allait peut-être passer pour la première fois.

Au fur et à mesure qu'elle s'en retournait vers la porte de sa cuisine, il s'approchait. Si elle s'arrêtait, il s'arrêtait.

– Allez! mange... Viens manger... C'est pas du poison.

Non, elle n'avait tout de même pas pensé y mettre du poison. Pas un instant.

*

Il a mangé, plutôt il a engouffré tout ça d'un coup, même l'os, et il s'est couché près de l'écuelle, comme s'il la gardait, au milieu de la cour du vieux mas. Il avait l'air de découvrir les centaines de géraniums fleuris autour de la cour, rouges, roses, saumon, mauves, chinés. Que des géraniums, c'est ce qu'elle aime. Pas un rosier, même pas de lilas de Rome, qui poussent sauvages, elle les arrache. Des géraniums en pleine terre, dans des bacs, dans des pots, au pied des murs, sur le haut des murets, la margelle du puits, des ordinaires, des grimpants et des pendants. Elle en bouture tous les automnes, elle n'en aura jamais trop.

Il a dormi ou fait semblant de dormir tout l'après-midi. Elle ne sait pas ce qu'il a fait la nuit, elle l'a retrouvé le lendemain matin presque à la même place.

Elle n'a pas osé aller rechercher l'écuelle tout près de lui. Elle en a pris une autre sous un pot, ce n'est pas ce qui manque. Elle lui a taillé trois branches de pain dans un doigt de lait, lui a déposé ça à mi-chemin.

– Allez! crouille... Tu tiendras bien jusqu'à midi?

Comme il s'approchait, elle a reculé. Elle l'a regardé donner les deux ou trois coups de gueule qui lui ont suffi pour tout nettoyer. Quand il s'est couché là, elle a amorcé un mouvement tournant pour aller ramasser la première écuelle. Mais il s'est méfié, s'est relevé, elle a préféré laisser les choses en l'état. A midi – elle s'y était décidée sans même y penser tout au long de la matinée –, elle a pris son courage à deux mains, et la cocotte dans la troisième, comme elle a pensé elle-même, avec peut-être un sourire, pas bien gaillard en tout cas, c'est toute sa vie, sa belle vie d'avant, qui revenait dans cette sorte de plaisanterie... La cocotte où elle avait fait bouillir exprès pour lui ce qu'elle avait, du pain encore, et des pommes de terre encore, avec la peau, une couenne, dans de l'eau et du sel. Elle a été lui verser ça trop chaud dans son écuelle :

– Allez, bicot... Pousse-toi, tu me gênes.

Il attendait que ça refroidisse, c'est la première fois qu'il remuait la queue.

Elle a pu aller récupérer la première écuelle. Quand elle est repassée près de lui, il commençait à manger, du bout des dents. Pas de danger qu'elle le caresse déjà. Il lui faudrait une bonne semaine avant qu'elle s'y risque.

– C'est pas bon, ça, bicot?...

Lui aussi était sale, beaucoup plus sale qu'elle. Quand il s'est mis à entrer dans la maison, s'il se couchait sur le carrelage rouge, on voyait sa trace après, trace de poussière grise ou de sable. Elle n'a plus d'assez bons yeux pour voir s'il perdait aussi des puces. Des tiques, oui.

– Allez, dehors, mon frère!... Tu vas tout me saloper, dis!

Quelquefois, elle lui donnait un coup de pied, ou essayait.

Un jour de soleil, il avait traîné sa soif dans tous les coins d'ombre. Au moment d'arroser, elle lui a envoyé un coup de jet, pour rire. Il ne s'est pas sauvé, on aurait presque dit qu'il aimait ça. Si t'aimes ça, ne crains rien, t'en auras... Elle l'avait suivi du jet, pendant qu'il marchait à droite et à gauche en s'ébrouant, les poils sur les yeux. Il ne lui en a pas voulu. Il a cherché ce qui restait de soleil en haut dans la cour pour se sécher sur une pierre. Il avait perdu sa poussière. Elle recommencerait en cas de besoin.

– Allez, bic, mon z'ami!... A la douche dis!

Dans la journée, c'est beaucoup dire que ça lui fait une compagnie. Elle s'en passe bien, d'ailleurs. Elle s'est toujours réjouie de se voir seule dans sa maison, libre. Son mari partait de longues heures, le matin sur ses chantiers, l'après-midi à la recherche des commandes. Ou ailleurs. Là-bas, elle avait deux bonnes. Ici, une femme de ménage, deux heures le matin, et ça lui suffisait bien. Elle s'en passe depuis qu'il est mort. C'était un homme gai. C'est lui qui faisait à tout bout de champ la plaisanterie : tu prends ton courage à deux mains, et dans la troisième ci ou ça, la pelle, la truelle, la masse. En trois ans, il avait refait son affaire comme là-bas. Il allait chercher des Espagnols tout frais, qui ne parlaient pas un mot de français. Il les engueulait en espagnol. Elle n'a jamais manqué de rien. Elle était fière de n'avoir rien à faire dans sa maison. Il était fier de la voir contente. Elle a toujours été rêveuse. Lui, son défaut était de rentrer avec les souliers sales. Il faut des différences, entre un homme et une femme, pour qu'ils se complètent. Toute jeune, elle aimait les pierres, toutes les pierres. Et puis son goût s'est fixé : vers vingt, vingt-cinq ans, il lui a fallu des agates, de ces tranches d'agate sciées et polies où la nature a fait des fantaisies de toutes les couleurs, cornalines cerise, saphirines bleues, sardoines orange, calcédoines. Il lui en achetait, elle disait les préférer aux bijoux. Il y en a une trentaine dans la maison, sur les armoires, les étagères, même les tables de nuit, en haut, dans les deux chambres maintenant vides. Elle couche sur le canapé en bas, la nuit comme à l'heure de la sieste. Là, à portée de sa main, elle a la plus belle, sur une planche avec des livres et un bouquet sec d'immortelles. Debout sur un petit trépied de fer. Eclairée ou non, on la voit dès l'entrée. Souvent elle la prend en main, avec les mêmes précautions qu'il y a quarante ans, un jour elle la laissera tomber, et elle rêve, les yeux sur les dessins de la pierre. Grande comme une petite assiette. Elle n'en a jamais vu de plus troublante. On lui trouve au moins dix teintes assorties, comme en un camaïeu, d'un marron très sombre à un jaune flou, en passant par des roux et havanes qui appellent la lumière, et enfin des blancs un peu bleutés, en arrière-plan. Tout ça est pris dans des formes qu'on croirait en mouvement, volutes, arabesques, tourbillons, ondes, houles, nulle part concentriques, dans un désordre sans raison. Elle admire ça comme on admire les nuages, dans un ciel rouge du matin ou du soir. Surtout, elle se sent aussitôt transportée il y a des milliards d'années, quand cette pierre se formait. Sur les bords, le long de la croûte-écorce, on voit encore comme de vraies bulles, et toutes ces matières en train de se mêler, aujourd'hui dures comme du diamant, semblent avoir été saisies en une seconde dans leur turbulence liquide. Elle est à l'intérieur de la création du monde. Elle pense qu'on est si peu de chose. Elle voit sa vie presque finie, à moitié finie depuis qu'il est mort, l'homme gai. Elle est encore un peu heureuse.

Le chien est couché en rond à un mètre d'elle. Il dort. Quelquefois il grogne doucement, ou remue, quand il rêve aussi. Il n'a pas beaucoup de caresses, elle n'a jamais eu beaucoup de caresses pour personne, et lui, elle l'a connu trop tard. Quand il est propre, elle l'effleure tout de même du bout des doigts par-ci par-là, pour lui faire frissonner l'échine, surtout quand il mange, pour le taquiner, elle sait qu'ils n'aiment pas trop ça.

– Je t'embête, hein, crouille, dis-le ?

*

Les autres années, elle attend le 1er juillet avec impatience. Elle s'en va pour un mois à Paris, près de Paris, chez sa fille et son gendre. L'Haÿ-les-Roses exactement. Une heure d'avion, ils l'attendent à Orly-Ouest, c'est tout près. L'avantage, quand on a eu des malheurs, c'est qu'on n'a plus peur des voyages. A son âge, les femmes de par ici y regarderaient à deux fois avant de s'envoler. Elle se soigne huit jours avant, se lave et se relave, se maquille, les regards sur elle ne lui paraissent pas trop critiques, on ne sait jamais, on fait ce qu'on peut.

Cette année, elle dit non, pas question. Je suis la première à le regretter, vous savez le plaisir... Mais je suis tenue ici. Elle dit le chien.

D'abord, ils croient qu'elle invente une histoire. Et puis, dix minutes après, le téléphone résonne. Le chien sursaute le premier comme toujours. Ils rappellent, le temps de la réflexion. Tant mieux, au fond, disent-ils. Tant mieux pour vous. Et si on vous envoyait la petite, avec une pancarte au cou, l'avion du matin, ça l'amuserait... C'est vous qui iriez la chercher à Rivesaltes...

*

L'enfant a onze ans, blonde comme son père. Vive, éveillée, libre de parole comme les enfants d'aujourd'hui.

Il ne lui faut pas trois jours pour dire, gentiment :

– Mais t'es raciste, mémé ?
– Raciste pour une bête ! Ça n'existe pas, ne dis pas de sottises. Où tu vas chercher ça, mon trésor ?

*

L'enfant, repartie, trois semaines plus tard, la vieille ne sait plus bien comment l'appeler, ce chien. A la place de « crouille », elle ne trouve rien. Ou alors ce serait un mot qu'elle n'a jamais dit tout haut. A la place de « bic », c'est formidable, elle essaie Dick. Il n'a pas l'air contre. Pour « bicot », elle jette Rico ! et c'est elle que ça amuse, parce qu'elle en a connu un, d'Enrico, à Oran.
Ce qui est bête, tout de même, c'est que c'est à « crouille » qu'il répondait le mieux.

*

Il mourra de bêtise, ce chien, dans deux ou trois ans.
Elle lui faisait faire sa promenade. Il pissait au bord d'un tas de sable, comme ils font tous. Il ne voyait pas qu'il était derrière un camion qui allait renverser ses briques.
Quand elle l'a vu, elle a crié :
– Viens ! Grouille ! Grouille-toi !
Il n'a pas compris. Il avait commencé à venir. Et tout d'un coup, il s'arrête et il commence à remuer la queue comme il ne l'avait pas fait depuis longtemps, avec des yeux si contents...

LES ANGUILLES

Elle a horreur des serpents, et de tout ce qui ondule et rampe. Il ne le sait pas encore. Ils ont vingt ans.

Lui, son enfance baigne dans un glissement d'anguilles. On les sent partout. Dans le canal, l'Escaut, l'étang, les ruisseaux noirs qui y descendent, les trous d'obus ou de bombe d'une guerre ou de l'autre, les puits et les citernes des maisons. Très tôt, il a su qu'elles étaient capables, même, de sortir de l'eau, et de couvrir des kilomètres, dans une herbe un peu mouillée. Il ne savait pas encore qu'elles le faisaient surtout une fois dans leur vie, toutes, pour retrouver le chemin de la mer, le chemin des Sargasses, et d'un seul amour : elles allaient se reproduire et mourir. Mais il savait déjà que rien ne les retenait dans une eau qui ne leur plaisait pas, ou qui ne leur plaisait plus. Il devait avoir cinq ou six ans quand il avait pêché sa première, à la ligne. Petite, qu'il avait voulu manger le soir même, et jamais il n'avait pensé et ne pensera autant à la vie et à la mort qu'en voyant ce fantôme blanc, sans peau, ni tête, ni queue, ni nageoires, ni plus rien dans le ventre, continuer à tourner au fond du seau, se nouer sur les ciseaux qui le coupent, enfin les tronçons eux-mêmes, roulés dans la farine et séchés, se remettre à se tordre dans la poêle au premier feu.

A vingt ans, elle commence à l'accompagner à la pêche, mais ne pêche jamais. Elle prend un livre et s'assied tout au bout de la barque, du côté où elle finit en pointe, l'avant. C'est aussi le côté le plus haut, et elle s'y installe, les pieds ramenés sur le triangle de planches, sans les reposer un instant dans le fond de la barque.

Au moins, elle est avec lui. Toute la vie, elle va être ainsi le témoin, souvent silencieux, de tout ce qu'il va faire. Il ne sait pas encore ce qu'il va faire, mais il sait déjà comme ce regard sur lui, ou cette simple présence, va non seulement l'aider, mais l'inspirer dans tout ce qu'il va faire. Ce n'est pas les anguilles qu'on prend le plus souvent; une ou deux dans la matinée. Le filet, le *rayau*, s'emplit surtout de gardons et brèmelots, pris à la volante, et les gros vers sur le fond tentent plus souvent une brème, une carpe, une tanche, voire une belle perche ou un brocheton. Pourtant, à la fin d'une matinée sombre, où un coup d'orage torche l'étang comme une écuelle, les trois lignes posées « partent » en même temps, et ce sont trois anguilles, parmi les plus grosses, jetées dans le fond de la barque, sans temps perdu. Trois vers frais ont aussitôt le même sort, et quand le temps se lève, un quart d'heure plus tard, et que s'arrête net le festin ou le massacre, elles sont vingt-cinq ou trente à zigzaguer partout et chercher un peu d'eau ou d'air sur les planches noires de goudron. Cela s'est fait sous une pluie de cordes, les éclairs et le tonnerre, et dans une précipitation folle. Il ne commence qu'alors à les ramasser, et c'est après la dernière, le filet plein, qu'il voit, trop tard, ces yeux qu'elle a dû avoir sur elles. Son livre même pas fermé, les pieds sous elle, elle continue à regarder le fond de la barque comme si toutes y grouillaient encore, puis elle le regarde, lui, et sourit tout de même. Il n'a pas fini de s'interroger sur ce sourire. Et c'est pourquoi peut-être il ne l'oubliera jamais.

D'où lui vient cette peur? Enfant, elle a failli mourir noyée dans un de ces trous d'eau. Mais les serpents de terre sèche ne la remuent pas moins. Le moindre orvet, trouvé figé sous une pierre, ou brisé comme verre d'un coup de bêche, la fait frissonner de la nuque aux talons. Il est évident qu'il faut chercher pour elle du côté du dégoût d'un père ivrogne, mou de toute l'âme comme de tout le corps, obscène.

Plus tard, dans l'île d'Oléron, il y a un *douhet*, petit canal, où la mer remonte à marée haute. Tant d'anguilles y demeurent à marée basse qu'il suffit de s'y promener en bottes et de piquer au petit bonheur, une fourchette au bout d'un bâton, pour en lever une tous les trois coups.

Il revient près d'elle, tout éclaboussé de boue odorante, et vide sa musette à ses pieds, dans l'herbe sèche et le « sable vignier ». Ils les dépiautent ensemble et elle les fait cuire toutes fraîches pour lui et les deux enfants. Elle n'en mange pas. Elle ne proteste un peu que lorsqu'il en rapporte trop et qu'il faut en laisser une réserve sous la caravane, pour le lendemain ou le surlendemain. Ainsi lorsqu'il a mis dans l'eau un fagot de sarments, un soir, à l'ombre d'un petit pont. Le fagot repêché d'un coup de fourche, au petit matin, il en sortait de partout, qui s'ensablaient, têtes chercheuses, tendaient et détendaient tous leurs ressorts, jusqu'à retrouver parfois, pour s'y laisser rouler, la pente de l'eau. Une autre nuit, une tête de cheval un peu pourrie a remplacé le fagot : balancée au bout d'une corde, enlevée à la volée, elle a dégorgé à deux mètres à la ronde les plus grosses et grasses qu'il ait jamais pêchées.

Plus gros que les anguilles, il a pris aussi, sous ses yeux, des congres – ou des murènes – si grands parfois que les plus grandes anguilles à côté ne sont que d'énormes vers.

Il lève sans douceur des lignes sans faiblesse. Elle l'observe à distance prudente : le rocher n'est pas large où ils sont ensemble.

Ou bien les voici dans un bateau, qu'elle trouve petit. Un des plus petits modèles à cabine. C'est elle qui a voulu cette cabine, deux couchettes sur deux grands coffres de rangement. En fin de compte, elle n'y entre jamais. Là-dessous, tout l'écœure, le mouvement de l'eau comme l'odeur tenace des poissons, qu'il y jette, sitôt pris, par la porte étroite. L'odeur malgré tous les lavages, à l'eau de mer et à l'eau douce, toujours un peu roses de leur sang.

Dans le fond de la cabine, les poissons s'agitent jusqu'à mourir. Les plus grands n'en finissent pas d'essayer de remonter vers les bords de leur prison.

N'a fait mieux qu'une pieuvre, un jour, belle et forte, un mètre d'envergure, prise à l'hameçon, par la gueule, ce qui est rare. La poche à air retournée, comme il se doit, n'avait fait que l'endormir un moment; elle a recommencé à allonger et glisser un bras après l'autre, dans toutes les directions, et tous les coups de gourdin du monde n'ont pu l'empêcher, pendant plus d'une heure encore, d'accrocher un taquet, une dame de nage, les bords du bateau, le câble d'ancre ou un anneau d'amarrage, obstinément, avec ces extensions souples des trapézistes et chimpanzés en vol.

La murène, non. Blessée, désarmée, elle renonce. On la laisse tomber, flasque comme un poulpe mort, sur le carrelage de la cuisine. Elle n'a pas les défenses de l'anguille. On la cuit comme du veau de mer, le sang si blanc qu'on la croirait lâche, après la bataille.

*

Ils ont vieilli ensemble. A quatre-vingts ans, elle lit sous une lampe bleue. Il est debout devant la fenêtre, avant de se décider à fermer les volets, et la voit du coin de l'œil, toujours blonde, dans un dernier regard au loin sur la mer. Il y a longtemps qu'il ne pêche plus. Il y a plus longtemps encore que les anguilles ne l'approchent plus, sinon par l'assiette et la fourchette. Les plus proches, dans son souvenir, sont celles, il y a vingt-cinq ans, qu'il avait voulu garder dans le grand aquarium d'eau salée qu'ils avaient alors, en attendant la mer et la retraite, à Neuilly-Plaisance, près de Paris. Elles n'avaient pas tenu trois jours : elle l'avait supplié de les repêcher, incapable de les voir là à longueur de journée, et de les savoir là toute la nuit, presque immobiles, trois, allongées lisses l'une contre l'autre de la queue jusqu'à mi-corps, sur le sable de corail blanc, caressantes, leurs têtes dressées contre trois verges grises, oscillant à peine dans le courant tournant et la montée des bulles.

Et là, pourquoi faut-il que tous ces souvenirs lui reviennent? Dans tant de calme et de silence. Et au coin de toutes ces images qui le hantent un instant, il la voit, elle, si près – pour être près de lui – de tout cela qui lui retournait le cœur. Il la voit, de loin, surmonter sans le dire, mais à quel prix, répugnance, dégoût, nausée. Et soudain glissades visqueuses, nœuds agiles sont en lui, sous une grande tristesse, symbole de tout ce qui a pu les unir et les séparer au long de tant d'années. C'est que, près de lui, pour le bien et pour le mal, elle en a vu d'autres... Et l'espoir politique, et le désespoir, et ces regards tout de même sur d'autres femmes, et tout de même ces mille petites lâchetés dont se fait une vie honnête, et tout de même ces mauvais moments des guerres, des combats, des prisons, et ces quelque vingt mille bouteilles, une par jour, de vin rouge, bon heureusement, qui lui ont traversé le corps en ces soixante années, et les couleuvres avalées en un demi-siècle sans bonté...

Il oublie ses volets à fermer. Il vient près d'elle, contre elle, comme souvent. Et il s'étonne de sentir monter en lui, si fort encore, bien mieux qu'un souvenir de désir, une reconnaissance, une admiration absolues, qui trouvent comme autrefois le chemin le plus facile, celui du corps. Il cherche à lui dire quelque chose de tout cela, à leur habitude, par le détour d'une énorme bêtise, et il n'a pas dit trois mots qu'elle hausse les épaules, indulgente sinon complice :

– Je commence à croire que tu vas m'aimer.

IL N'Y A PLUS DE MORT

Le plus terrible, avec tous ces événements qui se déroulent, c'est qu'il va falloir les renrouler ! Et il est déjà tard. Enfin, tard, si je veux arriver à temps pour leur foutue expérience. On n'a pas idée de faire ça si tôt, placer des « sensations » à des heures pareilles. Neuf heures du mat.

Pierre Portal réécoutait l'enregistrement au magnétophone d'une sorte de résumé de la semaine à Moscou. Il enverrait ça quand il pourrait, entre les heures de pointe. Il écoutait distraitement, pressé, son oreille toujours un peu en avance sur les mots qu'elle allait entendre, les siens. Et cette distance étrange entre son oreille et sa voix lui donnait le sentiment d'une distance égale entre sa voix et ce qu'elle disait. Au fond, il s'en foutait. Vue de la fenêtre sur un coin du Kremlin. Il s'en foutait de se réentendre, sauf une grosse connerie à ne pas laisser passer et un ou deux bafouillages dont il se souvenait vaguement qu'il faudrait les retoucher, question standing. Comme il s'en foutait quand il débitait son topo à moitié écrit, ce qu'il trouvait le truc le plus économique, qui évite la fatigue aussi bien d'écrire vraiment que d'improviser rien dans les mains. S'il s'agissait de passer à la télé, autre paire de manches, il ferait effort, côté présentation, allure, mais à la radio, pas la peine. Ses premières émissions, il y a dix ans, les premiers frissons, le trac. Il imaginait des millions de gens derrière le micro. Maintenant, le micro, c'est un micro, c'est tout. Et il a rapetissé. Et ce magnétophone, le mot « bijou » vient par habitude, mais c'est sans une ombre d'émotion, sans un soupçon de plaisir dans les doigts qu'il appuie sur les boutons, marche avant, arrêt, marche arrière, mécanique... Qu'est-ce qu'il a pu rêver, pourtant, dans ces temps-là, les années cinquante, d'un petit bidule pareil, portatif, à piles, plus léger et moins encombrant qu'une machine à écrire. Il est vrai qu'il en rêvait comme écrivain, apprenti écrivain disons, et pas comme journaliste de radio. C'était alors au-dessus de ses moyens. Enregistrer des paroles, au vol. Mais aussi ce qu'on vient d'écrire, l'écouter, le réécouter, supprimer au passage répétitions, dissonances, le dernier cri du « gueuloir » de Flaubert. Tu peux même forcer sur la puissance, et toi marchant tout autour, t'entendant comme un autre, sans effort, tu penses qu'il aurait toujours pu, Flaubert, gueuler de toutes ses forces, tout viking qu'il se voulait, il ne serait pas arrivé au dixième de ça, et il n'aurait pas tenu longtemps. Tu marches à plus grands pas, tu gesticules, tu te fais des idées. En fait, son « œuvre » avait tourné court. Il n'avait écrit qu'un livre, publié d'ailleurs, chez Julliard, un petit roman, dont il serait presque plus fier maintenant que lorsqu'il l'a écrit et publié. Une belle petite tricherie. Ecrit sur mesure pour avoir ses petites chances. Ses ambitions étaient ailleurs. Bon dieu, les grands problèmes qui l'empêchaient de dormir, alors!... S'il les avait versés tout chauds, résolus ou pas, dans un livre, qu'est-ce qui se serait passé? D'abord, il lui aurait fallu deux ans pour l'écrire, alors que l'autre, en quatre semaines il l'avait pondu. Et où il les aurait trouvés, ces deux ans? Et la croûte, pendant ce temps-là? Ensuite, la mode n'était pas à ça, tout le milieu aurait trouvé ça emmerdant. Du coup, petit raisonnement facile, et d'ailleurs pas si original : je truque pour commencer. Editeur. Succès. Picaillons. Et à partir de là, je suis libre, je me mets à écrire sérieusement, de vrais livres, sans concessions, qu'ils « marchent » ou non, et même édités ou non. En cas de besoin, je réamorce la pompe avec une petite connerie, et je continue. Ouais! Ça a eu l'air d'aller, une semaine ou deux. J'avais fait comme un tiercé, en mélangeant les thèmes favoris des spécialistes des pronostics littéraires, désarroi, érotisme, un poil de vice, et pour la forme, une fois fini, j'avais divisé le manuscrit en trois paquets, celui de la fin, je l'avais mis en tête, celui du début en queue; celui du milieu, je l'avais encore séparé en deux moitiés, à vue de nez, pour en encadrer les deux premiers, sous l'aspect d'un prologue et d'un épilogue, imprimés en italique comme il se doit. Personne n'était encore allé aussi loin. Depuis, évidemment... Tout pour plaire, ma main à couper, à *l'Express, l'Observateur, les Temps modernes*, etc. Même pour les cocos, j'avais mis un petit hameçon dans un coin. Comme on sait qu'ils se contentent de peu, dans le secteur, ils ont mordu. J'avais un personnage, d'ailleurs secondaire, qui se plaignait du bordel que sa vie et le reste étaient devenus depuis 1947. Ce « depuis 1947 » n'a rien dit à personne, mais eux, tu parles! Des fleurs rouges pour Mister Portal... Pour quelqu'un qui connaît les ficelles, qui sait comment ça se fabrique, combien de livres sont comme ça, un cocktail de tous les trucs qui ont fait les Prix les années d'avant...

Grâce à quoi, mon *Yseult de Broadway*, ouais, a été bravement à sept cent cinquante-deux exemplaires, et on a mis le reste au pilon, comme c'était la coutume dans la maison. Basta... Il fallait vivre, j'ai perdu un an dans les coulisses du cinéma, et j'étais sur le point de m'enfiler dans une espèce d'expédition du côté du Musée de l'Homme, hésitant entre ça et « donneur d'idées » près d'une agence de pub, quand m'est venu occasion de tâter de la radio.

Depuis, la télé est passée là-dessus. Qui m'écoute encore? Qui m'entend? Je parle dans le truc et il n'y a personne derrière. Et la plupart des choses sont comme ça, dans la vie. Il n'y a jamais personne derrière. Ni devant, d'ailleurs.

Allez, c'est l'heure. Au turf...

*

Recu, on l'est. Les mêmes petites tables basses à pieds orgueilleux, carrées ou rondes, les mêmes fauteuils et canapés, un festival de genoux pointés entre lesquels zakouskis, tasses et verres embarrassent, vachement, la conversation. Personne n'essaie vraiment de la lancer, on n'est pas là pour ça. On grignote, pour la forme. *Tchaï? Koffee? Smolokom?* Manque de scotch! La vodka, c'est chic à New York. A Moscou, c'est courant comme la pluie. Les premiers mois, on se jette dessus, on fait un exploit. Après... C'est comme le Bacardi, faut bien aider Cuba...

On est là pour l'expérience, c'est tout. La routine. Les confrères. Russes et tous autres. Une vingtaine.

Le professeur a traversé le petit salon, déjà en blouse blanche, les fameuses blouses blanches, tout sourire mais sérieux, en nous saluant des deux mains, presque comme un boxeur, avec un air de nous prendre pour complices. Vous allez voir... Son assistant, habillé en dimanche, nous tient le crachoir, en attendant. Avance les plateaux, ou se contente de les montrer du doigt. En attendant sans doute que tout soit installé dans l'amphi. Ce n'est pas qu'ils ne l'aient pas installé avant l'heure, plutôt deux fois qu'une. Mais ils doivent être en train de contrôler et recontrôler in extremis, une troisième, une quatrième fois. Ça frise la manie. Pendant, on est prié de patienter. Si un œil s'égare sur une porte, celle par où on est entré ou celle de l'amphi, il dit, l'assistant : – *Sitchas*! Tout de suite. Chaque fois qu'il dit « *Sitchas*! », tu mets une rallonge de vingt minutes, au moins, comme ça t'es tranquille...

Nourris, on l'est. Avec eux, si t'as dix rendez-vous par jour, dix fois tu te bourres, sur le pouce, si tu veux. Avant de savoir, avant de venir, en France, et encore dans l'avion, il y a deux ans, je me disais : – Un buffet, là-bas, ça doit être... Dans le métier, ça compte. Même si on n'en dépend pas. Je voyais ça plutôt triste. Des trucs sur du pain, genre lunch de première communion à Sotteville ou à Lens. Mon cul! Barquettes, mini vol-au-vent, petits éclairs au fromage, caviar sur ronds de mie, feuilletés de saumon. Je ne dis pas que c'est comme ça dans toutes les isbas tous les jours, mais invité, ils te soignent. Même ils t'incitent. Et comme tu as du mal à avaler, assis trop bas... Volontiers, merci... Note, ils pourraient meubler en nous expliquant le coup à l'avance. Ça, jamais, c'est contraire à leurs principes. Restez calmes, vous verrez. Ce n'est que dans l'amphi, en bonne et due forme, qu'ils lâcheront la révélation, et le professeur en personne. Que ce soit important ou non, du neuf ou du redit. *Sitchas*. Un rien de mystère n'est jamais de trop. C'est pour ça qu'ils s'entendent si bien avec de Gaulle. Ils me font marrer.

– Un pet-de-nonne, monsieur Portal?

Comme ça. Il a retenu mon nom, il a bien dit, soigneusement, pet-de-nonne. Il parle le français moins bien que moi le russe, mais il en profite pour s'entraîner. Et sur ses lèvres, j'ai vu, il s'est retenu de me dire : camarade. Ce n'est pas un diplomate, un officiel, mais un chercheur, un savant. Tu arrives de n'importe où, mais tu es là avec eux, tu souris, et ils ont envie de t'appeler camarade. Camarade Edgar Faure... Camarade Sartre, qu'est-ce que vous pensez de... Je n'en pense rien, dit Sartre, puisque la porte s'ouvre, enfin.

*

Eh ben, dis donc, un sacré appareil... Qu'est-ce qu'ils lui ont filé comme fils, au pauvre clebs... Pas étonnant qu'ils y aient mis le temps. Il est vrai que les clebs, eux, depuis Pavlov, ils en font un point d'honneur, une spécialité. Ils les mettent à toutes les sauces, en tout cas à tous les bancs d'essai. Qu'est-ce qu'ils doivent en consommer. Electrodes, trente-six cadrans, fibules, fistules, ce que je sais, et des tubes et des canules, il lui en rentre et en sort de partout. Et lui, le malheureux, il ne donne pas l'impression de se douter de ce qui l'attend, tout gaillard, ou alors il y met du sien, il a peut-être une petite idée, lui aussi, de travailler pour la patrie socialiste. Ça a deux côtés, comme tout, le côté tragique et le côté farce. Question de tempérament, peut-être bien, moi, c'est surtout le côté farce. Avec tout de même un petit frisson dans le dos, il me faut me retenir de rigoler, j'ai envie de dire : – C'est pas vrai !... en forçant mon accent parisien. L'aspect incroyable de la situation, cette bestiole, l'innocent, harnaché comme pas un, et drôlement étayé, sans quoi ses pattes ne supporteraient pas la moitié du chargement, et ces cinq ou six officiants autour de lui, en blouses candides toutes un peu longues des manches, la mode d'ici, et nous, les représentants des grands moyens d'information du monde, sur nos bancs, dans un moment où il se paie quand même, le monde, dans un coin ou dans l'autre, des sacrés *bin's*, comme on dit dans ma vieille famille, à Forbach... C'est pas vrai?...

Première piqûre, et le professeur explique. Un calmant. Pour le mettre en condition. Il y sera dans quelques minutes. D'ici là, pendant qu'il euphorise tout son content, et sans crainte qu'il l'entende, le professeur nous aura mis au flair : Baraban, c'est son nom, va être proprement vidé de son sang, devant nous, mis en état de mort, mort constatée, contrôlée, laissé quelques minutes en l'état, puis ressuscité, son sang réinjecté, son cœur relancé d'un coup d'électricité, ni plus ni moins qu'un moteur. C'est pas vrai, ils ne vont pas lui faire ça?... Ce n'est pas tant le chien. Mais ça me paraît inutile, un jeu gratuit, en vue de quoi? D'ailleurs, l'autre, le cabot, pendant ce temps il sourit, on sait bien que c'est impossible, mais hérissé de tous ses trucs, immobile, à peine tremblant, sans doute, sous le poids, stoïque, on dirait qu'il sourit. Il ne râle pas, comme le perroquet de l'histoire, tout le monde connaît. Mais peut-être que les Russes ne connaissent pas, sinon ils y regarderaient à deux fois, avec ce chien, au nom de tambour : un bateau, pendant la guerre. Pour distraire les passagers, le capitaine organise des jeux. Un prestidigitateur. Veut le perroquet du capitaine. Le faire mettre sous la table, pour le faire disparaître. Le perroquet rechigne, refuse, se défend, doit quand même y passer. Au coup de baguette, le bateau saute sur une mine. Tout ce qui en reste, sur la mer calmée, quelques bouts de bois et, accroché à l'un d'eux, le perroquet déplumé, qui dit : – Je l'avais bien dit que, pour un jeu de con, c'était un jeu de con!

Fini de rire, on passe aux actes.

Premier résultat : un petit remue-ménage deux bancs derrière Portal. Il se retourne. C'est le nouveau d'United Press qui bat de l'œil, blanc-vert comme un cadavre. Vidé de son sang avant le chien. Il faut le sortir. Et il fait des adeptes. Une minute, et c'est Krassine, de Tass, qui le suit, on n'aurait jamais cru ça de lui, puis Philip, du *Daily Worker*, qui dit tout bas que ça ne lui fait rien, mais qu'il a l'information, ça suffit. A cause de Krassine, un petit coup d'œil sur le gros Alexandre, de *l'Aurore*, pour voir comment il se tient. Même gabarit tous les deux, un mètre quatre-vingt-dix, cent bons kilos, et Alexandre plus russe que les Russes, fils d'émigrés. *L'Aurore*, ce n'est pas l'avant-garde du prosoviétisme, mais pour l'arracher à Moscou, lui, il faudra une guerre d'extermination. Il est revenu chez lui. Son appartement est une de nos plaques tournantes, point de rencontre de tout et tout. A eux aussi, il doit rendre des services, pour faire excuser les coups de patte de ses correspondances, rester persona grata malgré tout. Il fait une moue, un clin d'œil vers ceux qui sortent, et dit tout haut, la voix de Boris Godounov : – C'est toujours les meilleurs qui s'en vont!... C'est à la surprise d'entendre cette voix qu'on mesure soudain le silence qui s'était établi, depuis les derniers mots du professeur. On ne faisait plus que chuchoter. Même les trois retraites se sont effectuées dans une discrétion de dos courbés et doigts sur les lèvres... Une aile passait sur la petite colonie hétéroclite... Il a fallu Alexandre, naturellement dit Sacha, pour briser le charme, mettre les pieds dans le plat. Ça aussi, c'est bien d'*eux*. Les souliers de Khrouchtchev à l'ONU.

C'est là pourtant qu'un petit tournant s'amorce en Pierre Portal. Il remarque qu'il tient le coup. S'interroge un peu plus pour savoir si rien ne tremble au fond de lui, dans un coin. Non, presque rien. C'est par là qu'il commence à adhérer à l'expérience, cette fierté bien ou mal venue. Il y adhère en continuant à rigoler en sourdine. A propos de Philip lui revient une autre histoire, vraie celle-là, que lui a racontée Courtade, son alter ego de *l'Huma* : un membre du BP français, Raymond Guyot, descend à Toulouse. Fête fédérale. On l'emmène à une grande corrida. Au premier sang, léger brouhaha trois bancs derrière. C'est le garde du corps de Raymond Guyot qui tombe raide. Sa carrière de garde du corps est interrompue.

Jusqu'à cet instant, Pierre Portal, il était comme à l'abri derrière ça, ce qu'il appelle lui-même son rire gris, parfois gris-vert. Georges Raft, vous savez... Assez dans le ton de la petite colonie. Colonie étrangère, mais même les Russes commencent à y entrer, depuis Khrouchtchev, et pas toujours par le plus court chemin, pourrait-on croire, celui de la camaraderie des correspondants communistes. Relations de journalistes comme il en est bien d'ambassadeurs ou de chefs d'Etat. Une curieuse salade de méfiances et de clins d'œil.

Il lui est déjà arrivé de se demander, en de rares moments de solitude, et d'une solitude comme il n'y en a qu'ici, une chambre d'hôtel, et dehors rien que de la neige, un ciel de neige, un vent de neige, et en bas ce feutre blanc d'heure en heure remis à neuf, se demander de quoi il se défend ainsi : quelle faiblesse, ou quelle force, il protège par ce regard de biais sur tout, ces yeux plissés, cette raillerie incessante du pire et du meilleur, surtout du meilleur, et il ferait pareil à Paris, New York ou New Delhi. Son inquiétude de se laisser *avoir*? Inquiétude plus que refus? Serait-il encore capable de se laisser *avoir*? Et qui seulement se soucie de l'*avoir*? Personne, peut-être. S'il ne valait même plus d'être *eu*, hein? Mille précautions valent mieux qu'une. Dire à tout : ils sont trop verts, tout en grapillant petits comiques, travers, talons d'Achille, blagues bonnes ou mauvaises, franches ou tordues... Quelqu'un qui ne le connaît pas le prend à tout coup pour un homme heureux, odieux parfois mais heureux.

A cet instant, ce minuscule orgueil, ne pas être tombé dans les pommes, et ne pas s'en sentir menacé, ne corrige pas tout, mais il se voit s'intéresser à l'expérience. Pour s'être pris un peu au sérieux, il la prend au sérieux, un peu. Il commence. Il sent comme un premier lien entre lui et elle. Il participe. Et c'est vrai que ce qui se passe est assez fantastique, si ça réussit. Il se surprend à souhaiter que ça réussisse. Il réussit bien, lui, à ne pas défaillir. Non, sans rire, le visage d'ivoire du gars d'UP lui rappelle plutôt que l'homme est en cause dans ce qui se tente là sous ses yeux. Dès lors, il est dans le coup. Il ne ricane presque plus. Son cœur bat comme s'arrête celui du chien.

Le reste a l'air d'aller de soi, comme prévu. Que cela prenne aux tripes ou non, réglé, fignolé, bien joué. Un quart d'heure de respiration artificielle et...

– Il y remet du chien! dit Portal, moins fort que Sacha, mais quand même.

Baraban a pris un premier coup d'air, de lui-même. C'est reparti. Il a été mort quatre minutes. On explique qu'il aurait pu le rester six. Car il n'est pas le premier. On en fait entrer un autre, bien vivant, Tzigan. Il y a six mois, il a tenu deux heures, lui. Record de mort. Il est vrai que c'était en état d'hibernation. Et maintenant, il est là, il galope, il fait le beau pour un sucre, et ne se gêne pas pour aboyer dans l'amphi. Comme Alexandre.

Le professeur, Vladimir Negovski, a pratiqué

3 825 expériences de cette sorte. Le professeur Broukonenko en fait autant. La routine, déjà.

*

La journée, encore, ce n'est trop rien. Tu te rends compte comment on parle : trop rien. Le genre de choses qu'on dit couramment, mais que tu dois te censurer si tu jactes à la radio. Pourquoi, d'ailleurs? Trop rien. Une petite exaltation bien contrôlée, assez, coupée par le bricolage habituel, enregistrements, téléphone, attentes, pour ne jamais pouvoir voler bien haut. Journée tout de même de petits élans et de petites retombées, avantage aux élans. En lui, presque à son insu, une joie sans rire. Une joie dont le signe était qu'il ne riait plus, ou bien moins, une guérison de ce rire. Dans le bricolage, le gros morceau était d'ailleurs le compte rendu de l'expérience, comment appeler ça? « *expérience de réanimation* »?... Il a osé tout de même : « ... *impressionnante* », mesurant les mots pour le reste. Il a dit « *la démonstration parfaitement réussie* ». Il a été tout naïvement content du mot « *soutiré* » qui lui était venu par hasard, bien venu, on avait « *soutiré* » le sang de l'animal. A chaque métier ses points d'honneur. Malgré tout un jour comme il en arrive : on s'excite un brin et ça rentre dans l'ordre. Trop rien.

Au bout de quoi il se paie la plus belle nuit blanche de sa vie. Tout l'après-midi, au lieu de ces formules toutes faites, de ces raccourcis passe-partout qu'il faut à la radio, pour faire tenir l'essentiel en peu de mots, une phrase l'avait hanté, une vraie phrase, très simple et sans éclat formel, vraie aussi autrement que par le sens, qui était loin d'être évident, malgré cette simplicité. Vraie peut-être de cette contradiction même, vivante, sonore de beaucoup d'inconnu, comme si la vie même venait d'avoir une parole de trop, incontrôlée : *Il n'y a plus de mort.* Toute la soirée, il l'avait tenue en lisière, pour cette obscurité, une sorte d'absurdité. Qu'est-ce que ça voulait dire exactement ?

Nuit blanche, presque d'un bout à l'autre. En réalité, il dort, sans y croire. Un sommeil blanc, comme toute cette neige autour. Il remue dans du feutre blanc. Il remue peu, à vrai dire, le lit sera à peine chiffonné. C'est plutôt une immobilité qui est à l'ordre du jour, à l'ordre de la nuit, une grande immobilité étendue, détendue, reposante, apaisante, pleine justement de répétitions de mots, et d'abord dans tant de blanc cette petite phrase comme une lampe noire : il n'y a plus de mort. Les lampes, ici, ce n'est pas rien. Ce goût qu'ils ont des abat-jour roses, bleus, jaunes, verts, aux formes 1900... Tu vois une façade blanche, la nuit, ces fenêtres de toutes les couleurs... Il doit se réveiller çà et là, sans ouvrir l'œil, en gros rêvant plus qu'il ne pense...

Il n'y a plus de mort il n'y a plus de mort que pour nous les hommes pour les chiens c'est déjà fait il n'y a plus de mort une bonne partie du problème de la mort était d'en revenir pour savoir ce qu'il y a derrière quelque chose ou rien à partir du moment où l'homme s'est rendu à ce point déjà maître de la mort où l'homme ainsi fait et défait la mort la faire il le savait depuis toujours à partir de ce moment on sait que rien ne nous tire de l'autre côté et ne nous y garde de force la mort n'était qu'une affaire de corps à ras de terre à fleur de terre de surface guérissable j'étais trop loin pourtant mais à la fin quand la vie lui est revenue comme j'aurais voulu pouvoir le regarder au fond des yeux même un chien rien qu'un chien y voir une clarté ou une ombre depuis le temps la mort qu'on travaille sur elle après la mort les cheveux poussent donc des cellules au moins vivent encore et ce cœur de Kouliabko dont a parlé le professeur ce cœur d'humain extrait d'un mort et qui a continué à battre seul pendant vingt-quatre heures des cellules on en maintient en vie très longtemps en milieu nutritif tu te souviens l'embryon de poulet de Carrel tu ne croyais plus t'en souvenir depuis le lycée l'embryon gardé en vie le temps de plusieurs vies de coq il n'y a plus de mort on parle de ressemblances héréditaires à plusieurs siècles de distance mais ça c'est peut-être autre chose mais quoi autre chose rien n'est autre chose la vie la mort dans un corps l'extraordinaire organisation d'un corps vivant surtout celui de l'homme est aussi naturelle que l'équilibre de l'eau ce n'est qu'une forme complexe de l'équilibre qui assigne à telle cellule ou tel groupe de cellules sa place et sa fonction dans le cerveau ou les surrénales dans l'hypophyse ou dans la peau des lèvres à propos pas riche en baisers le quart d'heure pour toi c'est plutôt le désert hypophyse hypothèse il n'y a plus de mort qu'est-ce que je cherche hypothèse hypothèse de Negeli ou Nageli ou Nagéli tout ce que j'aimais au lycée justement le soleil dans les fenêtres ni jaunes ni roses ni bleues ni vertes le soleil le soleil de Pantin j'avais seize ans Negeli l'hypothèse dans la nature il n'y a pas de mort naturelle l'arbre de Ténériffe de plusieurs millions d'années un baobab de cinq à six mille ans un vulgaire peuplier mille ans il n'y a plus de mort que pour nous les hommes mais jusqu'à quand à quand comme il y a eu le premier homme dans l'espace à quand le premier homme dans la mort et retour à partir faire un tour comme ce chien dans le néant après le premier spoutnik il paraît des tas de gens s'étaient mis dans l'idée qu'ils pourraient être volontaires de l'espace pas seulement des fous des illuminés des chercheurs des écrivains des poètes prêts à décrire les couleurs le jamais vu des lettres arrivaient ici du monde entier imagine aussi des volontaires de la mort la mort qui n'a plus à faire peur à partir du moment où on sait qu'on peut en ressortir s'en tirer sauf erreur évidemment le courage est devant l'erreur plus devant la mort choisir ce courage se suicider ce n'était pas choisir il n'y a vraiment choix qu'à partir du moment où on avance choix à reculons n'est pas choix il n'y a choix d'homme que pour gagner et au milieu de toutes ces vies menacées de mort au lieu de toutes ces ombres de la mort sur tant de vies de toute façon du cancer à la bombe autant ne pas l'attendre sur la défensive dans toute cette grisaille cette grenaille de merde s'il en faut un j'en suis oui moi pourquoi je n'en serais pas comme un autre et qu'est-ce que j'ai à perdre tu me vois me pointer m'inscrire volontaire pour la survie la double vie face et pile face éclairée et face noire un petit tour de six minutes et tu te vois fêté au retour comme Blériot il ne faudrait même pas que tu oublies ta casquette et tu la jetterais en l'air en l'air Schiller Schiller a dit quelque chose comme ça attends la mort mène à tout à condition d'en sortir en d'autres mots celui qui a vu la mort en face est un homme libre.

*

De quoi s'endormir tranquille, enfin. Demain, il fera jour.

Le même jour blanc qui chasse les délires, et où Pierre Portal, qui en a presque tout oublié, retrouve son sourire.

LE RÉSEAU

– TU ne fais rien de mal. Tu es comme ça. Tu prends ton soleil...

Peut-être les deux plus belles filles de la plage, une des plus courues de la Costa Brava. Elles sont nues, enfin aux trois quarts nues, au milieu d'une extraordinaire représentation, demi nue, d'un peu toute l'Europe, Anglais, Allemands, Belges, Hollandais, Italiens, Français, surtout, mais aussi, parfois, dans les coins quelques Tchèques, Polonais, Roumains, Yougoslaves, ou Américains, du Nord ou du Sud, ou Indochinois de la nouvelle émigration, pas encore fixée, leurs petites voitures bourrées de grandes familles, avec tout ce qu'il faut à bord, entre vacances et exode. On rit, on se dore, on dort, on mange, on boit, vite. Ça passe vite, un mois, coincé entre deux longs traits d'autoroute.

Les deux filles se remarquent. Elles portent – on dirait plutôt qu'elles sont portées par – ce qui a été une des plus belles trouvailles de langage des vingt dernières années, ce « monokini » issu de « bikini », sans rien perdre de ses arrière-pensées explosives. Le slip n'est jamais trop petit si les seins sont bien faits. Ils prennent tout le regard, et lui, on se demande après coup s'il y était ou non. Il y était, on le sait, c'est tout de même l'Espagne, où il n'y a pas longtemps, tout ça était vachement plus interdit qu'ailleurs, au point que Perpignan, en lisière, était devenu une capitale du cinéma porno. La monarchie socialiste ne change pas tout en un jour, dans ce domaine ni dans les autres, même si sous elle Figueras, rendant à Perpignan son service, est un instant devenue petite place à putes réputée. Tout ça encore neuf et malhabile, l'organisation du sexe en ce pays gardant quelque chose de sous-développé, sujette à toutes les maladies infantiles, celles du trop et du pas assez.

On les voit d'autant mieux, les filles, qu'elles sont maintenant debout toutes les deux, au-dessus d'un peuple couché. La plus grande, celle qui a parlé, un peu plus âgée que l'autre, vingt, vingt-deux ans. Pas très grande, d'ailleurs, un mètre soixante-cinq. On remarquera peut-être un jour que cette primauté du sein a modifié à sa manière les canons de la beauté féminine. L'œil mâle cultivé des années quatre-vingt cherche son absolu un mètre trente au-dessus du sol, guère plus, la bonne moyenne, un peu las des exceptionnelles longues jambes qu'il fallait aux tabourets des bars et des yeux haut perchés pour dominer les comptoirs. Il aime le sein sain, un peu saint le cas échéant, ceint le moins possible d'un voile prêt à tomber. L'intéressée a tout ce qu'il faut, sauf le voile, justement tombé. Elle n'est pas de celles qui ne se dénudent qu'assises ou couchées, quitte à parcourir un peu courbées les quelques mètres de leur sable à l'eau. Elle est arrivée marchant droite parmi tout le monde, le front fier. Les hommes, pour faire libre, disent à leur femme :

– Elle a de beaux yeux, t'as vu?

Elle s'est allongée un instant près de l'autre, choisie d'un coup d'œil. Elle lui a expliqué le truc.

– Mais, a dit l'autre, tout de même, on est regardées.

– Et ici, tu crois que tu ne l'es pas? Regarde. Sans parler des hôtels et immeubles, là-haut. Avec des jumelles, au coin des rideaux. Et les téléobjectifs. T'as peut-être déjà ta photo agrandie à Amsterdam ou à Reykjavik, alors, tu parles...

– C'est vrai que c'est tout? Y a que ça à faire?

– Juré. Viens voir.

*

C'est là qu'elles se lèvent.

La plus grande, les yeux marron, brune, des cheveux assez courts, bronzée d'un même bronze pour toute la peau, nulle part le moindre changement de teinte. Des seins ronds de déesse hindoue, sous des épaules un peu rondes aussi, qui prennent toute leur grâce d'une extraordinaire finesse des poignets et des petites mains très agiles. Française, de toute évidence, jusqu'au bout des ongles, qu'elle garde longs, les pointes un peu courbes et adoucies, vernis amarante.

L'autre, seize, dix-huit ans, a encore la peau rosée des nouvelles arrivées du mois d'août, les cheveux blonds sur les épaules, ces yeux-là qu'on devait appeler pers dans les contes, sur un petit nez étonné, étonné déjà de ces yeux au-dessus de lui, si clairs. Des seins qu'on remarquerait à peine, simplement parfaits, si on n'en voyait soudain les très larges aréoles un peu rousses, miel, et deux tétons en pointes d'ail qui disent de tout un solide appétit. Du Nord, ça saute aux yeux, pas du Nord triste de la France, de plus haut, le Nord distingué, la haute Europe. Papa armateur ou grand forestier. Un peu de retard au lycée, mais tous les retards n'ont qu'à bien se tenir.

L'une et l'autre ne manquent pas, on l'a vu tout de suite, de ces petits défauts qui font la vie. Rien de ces impeccables, qui ne laissent rien à désirer.

*

La terrasse du restaurant El Cargol à l'heure de pointe. Midi le juste, en Espagne, tombe à trois heures. Terrasse en premier étage, couverte évidemment, on ne tiendrait pas le soleil. On voit très bien la mer, de toutes les places, par-dessus une autre terrasse, parallèle à la première, à peine plus basse, de l'autre côté d'un chemin de terre, de sable, où des enfants jouent pieds nus, terrasse découverte.

Là, nos deux filles continuent de bronzer. Deux autres avec elles, d'égale beauté, qui sont arrivées chacune de son côté, mais connaissaient la première. On fait connaissance avec la deuxième. Poignées de mains nues. Aide-moi pour l'huile sur le dos. Elles vivent là comme Eve, comme si le restaurant n'existait pas. Elles se couchent sur le côté, sur le ventre, sont assises pour lire, bavardent avec des gestes, se peignent, les seins à la fête, sous les changements de lumière, quand passe un petit nuage, ou une mouette. J'oubliais les couleurs des slips, si petits : un mauve, un blanc à losanges rouges, un vert pomme à ramages, un bleu roi.

Sur la terrasse du restaurant, les nationalités n'y changent rien, ça mange bien, on est venu pour ça, hommes et femmes. Presque comme si l'autre terrasse non plus n'existait pas. Personne ne regarde vraiment, personne ne regarde vraiment pas, personne ne regarde pas vraiment, personne vraiment ne regarde pas, personne vraiment ne regarde. Et personne ne regarde personne, à y bien regarder. Une étrange évaporation des regards, au-dessus des assiettes, où disparaissent aussi, sans laisser de traces, quelques morceaux de roi. Des couples face à face, qui se serrent les pieds sous la table, se voient à peine. Un œil parfois, fort loin sur la mer, accommode, pour un instant de repos, sur le point blanc d'une voile. C'est l'été, on est bien, on est bien.

Il y a toujours là un monde fou, ça marche.

*

Des Espagnols, des Catalans, il y en avait aussi sur la plage, bien sûr, mais ils vont plutôt à la petite plage du vieux village. Là, ils conservent envers et contre tout la majorité. Et guère de seins nus. Mais ils viennent aussi au restaurant, par tradition. Il existait déjà, la première salle existait, quand rien ne s'était encore ajouté au village, les hôtels luxueux, les grands ensembles à vendre et louer, la nuée de villas blanches sur la colline et dans les creux, sous les pins. Ils continuent à appeler le patron par son prénom, Zidre, avatar catalan d'Isidore. Ils ne fréquentent guère la terrasse, préférant toujours cette première salle, celle du fond, plus petite et fraîche, un peu plus sombre, mais où ils sont mieux servis, et tout le monde le sait. La deuxième salle, avec le grand aquarium et le filet au mur, a été le premier signe de succès. La terrasse le second. Un troisième projet d'agrandissement, la terrasse des filles, s'est révélé prématuré. Les affaires ont progressé moins vite. C'est pourquoi elle n'a jamais été couverte, et c'est ainsi qu'elle est devenue la terrasse des filles.

Ça s'est fait presque tout seul, il y a quatre, cinq ans. Une pionnière s'est allongée là, plutôt que sur le sable. Elle y a pris ses habitudes, seule. On la croyait la fille de la maison. Un jour, elle est venue déjeuner, en fin de service, vers quatre heures. Zidre, cinquante-cinq ans, l'âge de toutes les sagesses, qui avait vu les effets sur la clientèle, a fait un clin d'œil à sa femme, et a présenté une note blanche, avec un petit geste vers la terrasse et

« *Muchas gracias* ». Elle a très bien compris. Elle avait peut-être eu avant lui sa petite idée sur la question. Pendant des mois, elle s'est pointée une fois par semaine, à la fin du déjeuner, avec un beau sourire. Ce n'est pas la ruine. Au bout du mois, elle a amené une copine, qui a tenu après elle, et en a amené deux autres. Le mot était donné. Ça a recommencé l'année suivante sans qu'on s'en occupe. La brune de tout à l'heure n'est venue qu'après, mais c'est maintenant la plus ancienne, trois ans, elle assure la permanence. Zidre n'a même pas besoin de proposer quoi que ce soit, à personne, on ne peut l'accuser de rien. Il reste dans ses fourneaux. Tout au plus, il récompense.

Dans sa cuisine, jamais agrandie, au fond de la pièce du fond, il est toujours seul comme avant, avec un gamin qui apprend, un petit cousin, nourri logé. Trois serveuses, des enfants du village et de la campagne, pas bien belles ni gracieuses, mais même ça n'empêche pas toujours les esclandres, le Nord ça chime dur, et après... Le beau-frère a l'œil sur elles, venu en renfort. Avant, c'est Zidre lui-même qui servait. Le beau-frère, Eusebio, on ne peut pas dire vraiment maître d'hôtel, mais il fait fonction. Il avait deux qualités pour ça, que personne ne lui aurait jamais soupçonnées. Il a cet air un peu intimidant qui pousse les nouveaux clients à commander plus. Les anciens ne bronchent pas d'un pouce, ils le connaissent du temps où il était garde champêtre. Il a des dispositions pour les langues. En moins d'une saison, il a été capable d'esquinter dans presque toutes les quelques mots qu'il faut pour répondre aux questions des clients. Il dit *Kartofe* comme rien, et si on lui demande plus précisément si c'est des frites en allemand, il sait fort bien dire : « *Ia, Ia!* »...

Il fait et refait, Zidre, plutôt bien, les plats que sa

mère, femme de pêcheur, lui a appris à faire, quand l'ancêtre de la première salle était de roseaux et canisses du Rio Fluvia, à même le sable. *Paella*, poêlée de riz, au fond, avec tout ce qu'on a, pilier de tous les petits menus, équivalent du steak frites en France. *Zarzuela*, mélange de poissons en sauce, comme il y a sous le même nom des mélanges de musique; les Français, qui parlent mal, appelleraient ça pot-pourri. *Parillada*, le même mélange grillé, *gambas, calamars, poulpitos*, etc. Son seul défaut, qu'il n'a jamais corrigé : toujours un mégot au bec, il ne peut pas y mettre les mains pour le poser, grasses, et quand il y a trop de cendres au bout, ou de cette dentelle noire de papier brûlé, il secoue la tête un bon coup, de préférence pas au-dessus des poêles et poêlons, vers la sciure du carrelage jaune. Personne ne voit les filles nues moins que lui. Quand il monte serrer la main aux clients, c'est surtout dans la salle du fond. S'il fait une petite virée sur la terrasse, rarement, aussi sec son regard s'évapore comme les autres, sauf celui de sa femme, assise à sa place derrière la caisse du bar, en face de l'escalier d'entrée, d'où elle surveille bien tout, lui comme le reste. De là, elle n'a pas vue sur la deuxième terrasse, et s'en passe bien. Un moment de creux, elle préfère encore se reposer les yeux sur l'aquarium.

En fait, le système marche tout seul. Pour le moment, c'est cette Christine, la brune, qui s'en charge. Après elle, ce sera une autre. Les nouvelles étrangères, elle les convainc en trois gestes, sans effets de langues comme Eusebio. Des trois gestes, le plus efficace est l'index miam-miam, devant la bouche ouverte. Peu d'incidents. Une mémé anglaise en slip rétro et gants de toilette au-dessus qui se pointe à l'avant-scène; un client schlass qui fait le parcours presque sans faute pour aller porter ses propositions en face... Sebio assure la morale. Christine a maintenant ses deux repas par semaine, familière.

*

Trois ans après, Zidre, sous l'impénétrable surnom de « Niet-Niet », est à la tête du premier réseau espagnol de traite des Blanches. Là aussi, ça s'est fait presque tout seul, et du restaurant, rien ne se voit, rien n'a changé, sauf sa femme qui n'est plus au bar, partie chez sa mère. Les choses sont à ce point restées les mêmes que lorsque naîtront les premiers soupçons, l'enquête, discrète, dans le village ne rencontrera qu'incrédulité et rires. Celui qui rit le plus, c'est l'idiot du village, qui se lance dans une sorte de danse aux pieds lourds, peut-être inspirée de ces jeux où un homme porte sur ses épaules une énorme tête de taureau, les cornes basses, mais c'est pour imiter Zidre quand il secoue ses cendres de cigarette. C'est de là aussi qu'est venu son surnom, les Russes pour une fois n'y sont pour rien. Les policiers rient à leur tour. L'affaire n'aura pas de suites.

Donc, sa femme est partie. Même pas en colère contre lui, fatiguée, simplement, en quelque sorte en retraite. Il va la voir, elle vient, ils se retrouveront en vacances à la morte-saison. C'est quand même ce départ qui a rendu tout possible.

Dès le lendemain, elle n'aura pas attendu longtemps, la Christine se pointe dans sa cuisine, un moment où il est seul. Un peu négligé comme ça arrive, la braguette à moitié ouverte, pour la même raison qu'il ne touche pas à la cigarette, les mains grasses. S'il se reboutonne trop bien, il se salit. Alors, quand il a pissé, il fait « niet-niet » des hanches pour secouer les dernières gouttes et rentre tout, ça ira. Qu'est-ce qu'elle fait? Elle enfonce ses longs doigts dans la fente, et là-dedans, un tour de main extraordinaire... S'il s'attendait à ça... La suite, discrétion. La réserve où il y a les sacs de riz et les congélateurs, et promesse de revenir le lendemain.

Le lendemain, le restaurant saute. Oui, il saute, une explosion. On dit d'abord le gaz, mais c'est la Mafia. Zidre est peut-être le seul à voir tout de suite d'où vient le coup. Un mois plus tôt, un matin, il a vu venir un jeune à tête d'étranger, sicilien, cheveu noir, chapeau et tout, qui lui a demandé des sous et l'a menacé. Zidre n'a même pas eu besoin de son beau-frère pour le mettre dehors, le pied dans le cul.

Un racket. On commence à en entendre parler. Partout où de l'argent tombe, il faut s'y attendre. Mais y céder, ici, au village, et lui, Zidre? Tu veux rire? On n'aurait jamais vu ça. Il n'a pas cédé, et ça saute. Proprement. La grande salle, la plus belle, poutres noires croisées en chablis, tôles tordues, il n'y a que l'aquarium qui a tenu, sans lumière, et les poissons morts sous le choc. On répare, vite, l'assurance est bonne, *la mas fuerte segura*, et la saison n'attend pas. Et le petit Sicilien réapparaît, un autre matin, encore plus tôt. C'est lui qui donnera à Zidre son surnom dans le milieu. Le plus sage est de s'arranger. L'arrangement va même plus loin que ce que Zidre aurait osé prévoir.

Rien vraiment contre sa volonté, et qui c'est qui ne se laisserait pas faire quand ce n'est plus des millions, mais des milliards qui vont rentrer? Car il n'est pas un comparse, on ne l'aurait pas regardé. Il reste son maître, comme dans sa cuisine. Il fait tout de haut, supervise, ne touche à rien de désagréable. Le beau-frère voyage dans toute l'Europe, marché bientôt ouvert. Pour le remplacer comme premier serveur, il avait bien pensé à

Christine, mais elle tient à ses vacances. Il lui a acheté un bel appartement vers la falaise, et il y fait un saut quand il peut. Quand elle n'est pas là – elle voyage aussi –, il n'est pas seul. Il n'est plus jamais seul.

Parce qu'il n'a jamais offert, rien, à personne, sans l'essayer. Il goûte. Une par jour, s'il voulait. Toutes celles que sur la terrasse, rayonnantes, ses clients voient sans lui, il se les envoie sans eux. Une à une. Le choix y est, des ondulantes et des rousses, des câlines et des Norvégiennes, des Marilyn et des Birkin. Pour les vacances d'automne, il ne rejoint pas Mme Zidre comme prévu, il part avec elles dans des palaces. Pour ses vieux jours, il se fait construire un vrai château à Sagaro. Une à une, elles prennent leur place dans sa mémoire, bien allongées, claires et fraîches comme des *boquerones* dans leur boîte.

*

Evidemment, rien de tout ça n'est vrai. La preuve, sa femme est toujours là, dans son comptoir. On ne peut même pas parler de tentations. Qui serait tenté par des saloperies pareilles, au village ? Les tentations de saint Zidre ?... Des idées qui passent, tout au plus. A travers la cuisine.

Et les clients sont libres de lui trouver, à sa cuisine, un petit piment de plus. Et à lui, Zidre, aussi incroyable que cela paraisse, un peu plus de tenue.

TABAGIE

Je ne manque pas de racines.

Un peu d'histoire :

J'aide Hubondt ! A bas Danmatt !
A bas Thiers !

Par ces mots scandés sur un air très populaire, le vieux mineur Nestor Orrapa, mon arrière-grand-oncle, soutenait son favori, Sébastien Hubondt, au nom et au prénom riches de bonnes résonances valenciennoises, contre le parachuté candidat du gouvernement, Germain Danmatt, et son complice local, Aurélien Tunand.

Danmatt rimait aussi avec *mat*, qui se prononce comme aux échecs et signifie, en patois du Nord, *fatigué*. D'où le couplet :

Danmatt
I est toudis mat...

A quoi s'ajoutait, toujours pour la rime (car il faut prononcer *fatte*, et entendre, non *vaniteux* comme en français, mais toujours en patois : *paresseux*) :

Ch'est le pus fat des fats !

Quant à Thiers, on le connaissait d'autant mieux qu'il n'était pas seulement le chef du gouvernement. Près du village de Bruay-sur-Escaut, il y avait un puits de mine qui portait son nom, *la fosse Thiers,* et le quartier intéressé s'appelait – et s'appelle toujours – *Bruay-Thiers.*

Nestor, retraité, s'était vu confier par la mairie d'Anzin, où il habitait près de la Bleuse Borne, la distribution à domicile des « billets de morts », les faire-part d'enterrements. La réaction l'avait accusé d'utiliser ses « fonctions », ce fréquent porte-à-porte, pour favoriser son candidat. Loin de s'en excuser, il relevait le défi : Oui, j'aide Hubondt. Il menait la campagne avec son jeune beau-frère, Victorin, qui n'était pas encore marié, et dont personne ne pouvait prévoir qu'il aurait trois garçons un jour inégalement célèbres : l'aîné comme fondateur d'une importante société de produits pharmaceutiques, le second, Raymond, comme écrivain, le troisième comme créateur d'une belle espèce de lupins. Nestor Orrapa et Victorin Roussel se voyaient ensemble dans toutes les réunions, fumant leurs longues pipes en terre, celles que commençait à fabriquer ce village au nom étrange, Onnaing, dans des salles bruyantes et des fumées à couper au couteau. Mon vieux! quelle tabagie! Et quelle campagne!

Nestor avait même écrit à la craie, et signé, sur la porte verte de sa remise à charbon – dans ce pays où, beaucoup plus tard (aujourd'hui), resteraient lisibles sur de telles portes, ou sur les murs des usines en ruine, les gigantesques OUI et NON d'anciens référendums :

J'aide Hubondt! A bas Danmatt!
A bas Thiers!
J'aide Hubondt! A bas Tunand!

N. Orappa

A force de le lire, on s'est mis à le chanter. La tradition populaire a un peu modifié le texte. Ce qui est arrivé jusqu'à nous, c'est simplement :

J'ai du bon tabac
Dans ma tabatière,
J'ai du bon tabac
Tu n'en auras pas...

L'ORTIE RARE

Ce vieil écrivain n'avait jamais menti. Il inventait des histoires, bien sûr, pour mieux chercher la vérité.

Il aimait les plantes. Toute sa vie, il en avait semé, bouturé, repiqué, élevé. Sa maison en était pleine. Ses balcons, ses terrasses faisaient l'admiration des passants, pas très nombreux dans ce bout d'une petite île où il avait choisi de finir ses jours, ayant beaucoup travaillé en des endroits moins tranquilles. Il avait des plantes qu'il appréciait pour leurs fleurs, des amaryllis, des schlumbergères, des violettes cornues, des lys tigrés. D'autres, pour leur verdure tombante, des aracées, marantas, une *columma splendens*. D'autres, pour les voir grimper partout, des chèvrefeuilles, clématites, glycines, capucines grandes, pois de senteur. Il aimait cette variété, ces libertés contradictoires.

Mais il devenait un peu négligent. Dans un coin de sa terrasse, il avait une dizaine de pots, debout ou couchés, pleins de terre ou vides, un ou deux un peu cassés, qui attendaient plus longtemps qu'autrefois de nouvelles pensionnaires dignes de ses soins. Et naturellement, ce qui doit arriver arrivait : comme autour de la maison aussi il y avait des plantes, sauvages, vivaces, et libres au moins autant que celles dites d'agrément, les pots ne restaient pas vraiment inemployés. Il y venait de ces herbes qu'on dit folles, parfois un liseron, une ortie, un chardon.

C'est à propos d'une ortie que la chose arriva. Il n'avait rien contre les orties. Il avait dans son enfance des histoires d'orties, odorantes et piquantes à souhait, évidemment, qu'il n'avait pas encore racontées. Celle-là, seule dans son pot, était montée bien droite, vigoureuse, et approchait d'un mètre, comme font facilement les orties quand la terre est bonne et humide. Une nuit, le vent la coucha avec son pot. Le pot roula jusqu'au bord de la terrasse, faillit en tomber et resta là accroché de telle façon que l'ortie avait presque la tête en bas. C'est ce qui donna au vieil écrivain l'idée d'une expérience. Il en avait fait toute sa vie, avec les plantes. Il n'en avait pas perdu le goût. Qu'est-ce que ça donne, une ortie qu'on fait vivre la tête en bas? Il la dépota, la remit en pleine terre, sous une rocaille qui faisait grotte, près de l'endroit où elle avait manqué de tomber. Il lui fallut pour ça bricoler quelque chose avec un vieux bout de grillage, pour que la terre ait l'air, un peu mouillée, de tenir d'elle-même. Il en avait fait d'autres, et le résultat paraissait si naturel qu'ayant quelques visiteurs dans la journée, il ne résista pas au désir de leur faire voir sa curiosité. Tiens, une ortie qui pousse la tête en bas... Il ne le leur faisait pas dire. Il taisait seulement que ça ne s'était pas fait tout seul, qu'il s'agissait d'une expérience. Il montrait, c'est tout, curieux des réactions de l'un ou de l'autre. Ces premiers visiteurs parlèrent, et il en vint d'autres dans les jours qui suivirent, et plus qu'il n'en était jamais venu pour la trentaine de merveilles qui lui étaient chères dans sa maison autant que sa maison. Il s'en réjouissait plutôt, commençant à manquer parfois de compagnie.

Occupé et un peu agité par ces visites, il resta

même quelques jours sans écrire. Quand il se remit à sa table, précisément pour raconter ses anciennes histoires d'orties, il se trouva devant ce qu'un vieil écrivain a redouté tous les matins de sa vie : il n'était plus capable d'écrire. Plus une ligne. La source était tarie.

Cela ne l'aida pas à finir sa vie. L'ortie rare n'avait intéressé les gens que quelques jours. Elle avait fait ce qu'on pouvait assez aisément prévoir, pas folle la guêpe : courbée pour retrouver le jour, elle s'était redressée hors de la petite grotte, trouvant dans cette remontée une autre jeunesse, regardant à nouveau le dessus de la terrasse et tout ce qui s'y trouvait, plus longue maintenant que toutes celles des alentours, deux mètres peut-être pas, mais pas loin.

LE DROIT ET L'AVOIR

SON cadeau de vacances. Hier soir, ils sont arrivés trop tard, et trop fatigués, pour mettre les pieds sur la plage. Ils y vont tôt ce matin. Et c'est la surprise. La moitié des femmes ont les seins nus, tranquillement. L'année dernière, elles n'étaient que quelques-unes. Il est vrai que, l'année dernière, c'était sur une autre plage, moins vivante. Ou est-ce partout pareil cette année ? De Saint-Cyprien à Canet, quelques kilomètres. Ça doit être partout pareil.

Mais son cadeau : comme la levée d'un interdit, devant elles, et devant lui. Et pour lui, professeur de droit dans une faculté bretonne, même s'il a toujours gardé un petit sourire sur le droit, la faculté, et la Bretagne, né à Metz, la levée d'un interdit, ça se remarque. Surtout un premier jour de vacances. Il n'y a que deux ans, les gendarmes municipaux descendaient sur la plage de Saint-Cyprien dès qu'un sein pointait entre deux rochers. Il y avait bien la plage « sauvage », au sud, où de vrais nudistes se voulaient chez eux, à peu près tolérés, mais du gros des vacanciers ou des gens du pays, seuls les curieux, les rigolards ou les obsédés allaient les voir, un jour ou l'autre, ridicules, pieds nus, les souliers à la main, devant des enfants merveilleux, et des mères et des pères qui avaient l'air ailleurs. Pour qu'un incident se produise, il fallait que quelqu'un s'arrête trop, sur la terre ou sur l'eau : un bateau dérivant ou s'ancrant vraiment trop près, et les jumelles au grand jour ou derrière les fenêtres. La semaine dernière encore, un voyeur s'est fait couper, réellement, ses amarres, pour avoir refusé de partir, ou de se débotter comme tout le monde. Comme quoi, pense-t-il, lui, Abel, Abel Leduc, quarante-cinq ans, avec sans doute des millions de ses pareils, comme quoi cette notion de « voyeur » est, comme tout, assez relative. Tu peux t'en mettre plein les yeux, l'âme pure, si tu n'as rien sur le ventre, mais si tu regardes le moins possible, par timidité, discrétion ou hypocrisie, couvert, tous les torts sont pour toi. Abel, et Reine avec lui, même âge, vingt-cinq ans de mariage, fidèle, sauf un ou deux accrocs, pensent que, sans tomber dans les extrêmes – le type aux amarres, tout le monde a dit : Bien fait ! –, des formes de coexistence vont naturellement se trouver entre les vêtus et les nus, grâce à l'entremise de toute la gamme des dévêtus ou demi-nus, Reine se souvenant comme d'hier du rejet du une-pièce noir pour le deux-pièces à pois, non moins audacieux en son temps que ce passage, joliment dit, du « bikini » au « monokini ». Ils ne vont pas militer pour, ils n'ont jamais milité pour rien, mais si ça se fait, ils ne seront pas contre. Et déjà, le mono lui-même ne nie pas grand-chose. On en est souvent au mini-mono. Et on peut parier que dans quelques années, la mode sera au nu intégral, vingt siècles ayant suffi pour qu'Eve, sinon Adam, se refuse coupable. Même rhabillées, sur la promenade du front de mer ou les petites rues piétonnes, les enfants de dix-huit ans en gardent les yeux plus clairs.

Il faut préciser tout de suite qu'on peut être professeur de droit et avoir un grand amour.

Surtout si on l'a eu avant. Reine et Abel, ensemble, ont toujours refusé de vieillir, et donc ils n'ont jamais vieilli. Pas encore. N'ayant pas eu d'enfant, comme ça, sans refus ni vrai regret, ils ont plus facilement vécu « comme des amoureux », toujours deux, même s'ils viennent en Matra-Simca trois places. Reine travaille aussi, secrétaire de direction, du même directeur depuis douze ans, et s'en trouve bien. La troisième place est parfois, pas souvent, pour un stoppeur ou une stoppeuse, dérangement accepté pour contact garder, avec un spécimen ou l'autre des nouvelles générations. Parce que tout de même, et tout compte fait, s'ils ont plutôt merci à dire pour ce qui a été, ce qui est devant eux commence à les inquiéter sourdement. L'horizon cinquante. La cinquantaine, comme horizon...

Mais ce n'est pas ça. Abel, ému, il ne le nie pas, ému de tant de beautés, mine de rien, libérées, sinon exposées, sinon offertes autour de lui, ému autant de ce qu'il imagine être les pensées de Reine, un peu différentes des siennes, forcément, tout près de lui, Abel sent percer sous cette émotion autre chose, qui ne se donne à connaître que peu à peu. C'est alors une sorte de stupéfaction. Preuve de cette fidélité presque sans faille, ce qui le frappe tout à coup comme une découverte, tardive, et il se dit : tardive, oui, c'est l'extraordinaire variété de ces seins. C'est même si proche de l'absurde qu'un homme de son âge – et combien d'hommes de son âge ? –, pas plus bégueule qu'un autre, ait ignoré si longtemps ce que dix minutes suffisent à découvrir, qu'il lui vient, comme une défense, l'envie de se moquer de tout et de lui-même. Il est comme un peuple à qui une guerre vient d'ouvrir les yeux : Qu'est-ce qu'on nous a caché... Oui, les seins de marbre, de bronze, de grès, de plâtre, dans les musées, les seins roses, blancs, rouges, verts, bleus des tableaux, ceux des nus-photo, en noir et en couleurs, des magazines, et désormais des publicités, des déshabillés de moins en moins furtifs du grand et petit écran, et même d'un ou deux strip-teases, il en a vu, ces seins, et aimé voir, des centaines. Mais qui ne disaient pas le centième de cette diversité toute banale, s'arrangeaient pour ne pas la dire. C'est qu'un certain type de beauté a bien pu évoluer au cours des siècles, lui aussi est resté fidèle, à lui-même, occultant le plus gros de la réalité ordinaire. Il n'y a guère que les appas de sauterelle de Birkin qui se risquent à plaider, par-ci par-là, pour le pluralisme. Mais ici, sur la plage, tout est là. Le sein quotidien. Et pas plus laid que l'art. Plus ollé qu'un Louvre. Selon les positions, il y a les seins aigus, graves, circonflexes, les seins parenthèses, guillemets, accolades, les seins points d'interrogation et points d'exclamation, exclamants comme disent bien mieux les typographes, les seins en a, e, o, u, v, w, les points et les virgules, tout un alphabet qui ne demande qu'à parler. Il en est des aquilins, camus, en trompette. Cachez tous les visages, et demain matin, autant que par le nez, vous reconnaîtrez votre monde. Toute poitrine nue est visage, l'œil vif ou le regard torve, intelligent, calin, perçant. Du bulbe orthodoxe aux coupoles de mosquée, par tous les clochers et tours pointues, tous les styles ont droit au soleil, poitrines romanes, ogivales, baroques, dessinant tous les arcs, plein cintre, surhaussé, outrepassé, surbaissé, brisé, lancéolé, trilobé, rampant. Il en est en boule d'ivoire, obus, courbe de fleuve, castagnettes, pointes d'enclume, accroche-cœur ou mèche rebelle, vague, ressac, remous, chistera ou béret basque, larme d'ambre, tête de linotte, olifant, galet de marbre, pyramide, fer de lance, aileron de requin, verre ballon ou verre de montre, soleil couchant, quartier d'orange, feuille d'artichaut, canine, incisive, croissant, fusée chercheuse, éventail, fil à plomb, bulle de savon, flamme, lampe flash ou aurore boréale. Un certain comique repose du désir. Toutes les tailles : du bouton-pression aux haltères toutes catégories. Tous les fruits, évidemment, et si la fraise des bois et le potiron se cachent, encore, on ne peut douter qu'ils existent. Tous les reliefs sortent du sable, des Vosges au Puy de Dôme, du Canigou à l'Everest. Il y a le sein renard, fouine, belette, chat angora, marmotte, gazelle, dauphin. Beaucoup valent le cristal ou la porcelaine.

Et le voici, la nuit, allongé près de Reine, nus comme toujours, les couvertures rejetées, le drap accepté à moitié. Elle dort. Pour lui, c'est la douce insomnie d'une heure ou deux heures du matin. Chaque nuit ou presque, les yeux fermés, sans impatience, sachant que le sommeil va revenir, il savoure ce moment du songe et de l'imagination, sans frontière entre l'impossible et le possible, le moment le plus éloigné de sa vie, et de lui-même, celui aussi où il se sent le plus près de la vérité, parce qu'il ose toutes les vérités.

Il a dans les yeux une infinie et éblouissante constellation d'angles et d'arabesques. Il se sent un peu en faute à l'égard de Reine. Il se dit : pourquoi ? Il n'a jamais vraiment considéré, et elle non plus, la fidélité comme un devoir, mais comme une chance. Devoir, si l'on veut, de ne pas gâcher la chance. Autrement, il se verrait sans honte, à l'occasion, s'amuser de l'un des mille corps d'aujourd'hui. Sans honte et sans amour. Le plaisir seul, comme ce drap sur eux. Pas lourd.

Il ne voit plus comme Reine était à vingt ans. Il ne la voit pas comme elle est désormais. Et soudain l'atteint un de ces petits éclairs de ses nuits, une de ces incroyables évidences. Aurait-il sacrifié le plaisir à l'amour? Le plaisir même, aucune autre que Reine n'aurait pu en faire ce qu'il a été, chaque jour de ces vingt-cinq années. Quand le cœur y est, ce qu'on devient savant l'un de l'autre, et de l'autre tout entier, peu à peu... Il corrige avec un sourire intérieur : peu à peu et à la longue. Mais le petit éclair est là : maintenant encore, malgré l'âge, celui de Reine, et le sien, il n'est pas perdant mais gagnant. Il le lui dirait, elle-même ne le croirait pas. Il est sur le point de la réveiller, pour le lui dire, malgré tout. Parce que toute vérité doit être dite. Devrait être dite. Et c'est vrai : il a regardé tant d'autres femmes, aujourd'hui; ainsi être fidèle à une, c'est lui être mille fois fidèle.

Mais il y a dans le sommeil d'étranges choses. Quand livrera-t-il tous ses mystères? Le jour déjà, l'entente de Reine et Abel fait souvent qu'après un silence les mêmes mots leur viennent aux lèvres. Peut-il y avoir plus dans le sommeil? Pourquoi est-ce dans le sommeil que les médiums reçoivent les suggestions? Reine a bougé. Elle s'est tournée vers lui. Il sent sa main sur son épaule glisser jusqu'au coude. Il lui semble qu'il n'a pas besoin de parler. Il se tourne aussi de son côté. Il dit seulement, très doucement :

– Tu te rendors?

– Tu vois bien que non, dit-elle.

Pour ajouter, et il sait qu'elle sourit :

– Mille fois non!

LES PETITS SOLDATS

IL dit :

– Non, n'allons pas par là.

C'est tout. Ce n'est rien. Les guerres sont loin. On ne voit pas ce qu'on pourrait craindre.

Il ne vit pas inquiet. Il vit content de ce qu'il a. La cinquantaine, quand la santé paraît bonne, ce n'est pas un âge à grands tourments. Plutôt une approche du repos. Il est prudent. Pour lui et pour les siens. Il passe une bonne visite tous les ans, sans raison. Simple sécurité. Sa femme aussi, qui en a encore moins besoin que lui.

Pourquoi n'aurait-on pas le droit de se dire, à cet âge, qu'on a mené sagement sa vie? Et surtout là, au milieu des neiges tranquilles, en ce moment où peu de gens sont en vacances.

Il les entendait depuis un moment. Il les situait quelque part vers l'usine d'incinération d'ordures. Il espérait qu'ils allaient prendre à droite plutôt qu'à gauche, vers le champ de tir qui est en bas, au Pla des Aveillans.

Il n'était même pas absolument sûr qu'il s'agissait de soldats. Qu'est-ce qu'il entendait? Des ordres? Répétés, ou transmis par plusieurs voix. Des bruits de skis et de bâtons. Il sait seulement qu'on en rencontre souvent dans le coin. Il le sait depuis longtemps et quelque chose en lui le pousse à les éviter, même quand il est seul. A plus forte raison si Bénédicte est avec lui. Ce sont les parachutistes de la base de Montlouis qui s'entraînent. Pris un par un, des gamins de par ici, ni meilleurs ni plus mauvais que les autres. Les premiers qu'il a croisés ainsi, dans la neige, il ne risquait pas de les voir comme des gamins; il avait dix ans. Son père venait d'acheter ce chalet, en bordure du village de Bolquères. Il n'était pas encore question de « Superbolquères », au-dessus d'eux, ni de « Pyrénées 2000 ». La citadelle de Vauban était seule, comme un gros clou de chaussure, à concurrencer le Cambre d'Aze, pour faire se sentir plus petits les petits villages. Il aimait partir sans personne, s'enfiévrer de solitude et de silence. Il espérait toujours ne rencontrer âme qui vive.

Ils ont commencé à rajeunir, les soldats, quand il avait trente ans. Entre trente et quarante, chaque année leur en retirait une, par rapport à lui. Depuis dix ans, c'est bizarre, peut-être parce que lui commence à décliner, il dirait que leur âge se stabilise. Il les voit plus adultes, plus forts. Plus dangereux? Ce n'est pas ça. Pris un par un, encore une fois, dans les villages, les mas d'où ils sont venus, ils sont comme tous ceux qui y grandissent. Et des soldats, on sait bien qu'il en faut. Mais des soldats, en groupe, en troupe, serait-ce en temps de paix, ça rappelle des souvenirs qu'on n'aime pas trop, c'est tout.

Depuis ses dix ans, il est venu ici presque tous les hivers, d'Avignonnet, où ses parents puis lui-même ont tenu de toujours la quincaillerie de la grand-rue, Avignonnet-en-Lauragais. Trente ans, à mi-course, c'est l'âge où il se mariait, un peu tard. Prudent, déjà, si on veut. Elle, Bénédicte, avait vingt et un ans. Il la voyait le dimanche à la messe. Il ne la connaissait pas autrement. Ils n'avaient évidemment pas été à l'école ensemble. Une tante qui avait remarqué leurs premiers coups d'œil les a présentés. Bientôt, les parents sont morts, des deux côtés. Quand on regarde un peu, c'est effrayant ce que les vies passent vite. Elle l'a toujours bien aidé au magasin. Elle n'avait rien appris et lui était venue pratiquement sans dot. Il a vécu dans le sentiment de lui devoir protection. Il aurait eu le même sentiment à l'égard des enfants, s'ils en avaient eu. Ils ont mené une vie honnête. Ils n'ont manqué de rien et ont surtout évité de se faire remarquer. Leur préférence n'a cessé d'aller à des voitures moyennes, pas trop neuves, et ils ne roulent pas vite. Même quand ils sont ici, à Bolquères, ils vont à la messe le dimanche, comme s'ils voulaient se prouver que là-bas, à Avignonnet, sur sa petite hauteur, ce n'est pas pour paraître qu'ils y vont. Et la messe, c'est là qu'ils se sont connus. Ils auraient eu des enfants, ils les auraient formés comme eux. Ils auraient essayé, de les former comme eux. Ils n'ignorent pas comme c'est devenu plus difficile. Ils n'arrêtent pas d'en voir des exemples dans la famille, la clientèle. Des enfants qui pourraient avoir l'âge de ces soldats.

Les bruits se rapprochaient, les cris. On pouvait de moins en moins douter. Ils sont arrivés à ce petit carrefour, balisé, ses flèches rouges, jaunes, mauves, peintes sur des planchettes de bois, pour le ski de fond, de promenade, les randonnées d'été, quand les poteaux noueux qui portent les flèches ont souvent grandi de presque un mètre.

Elle lui a répondu :

– Mais si, par là, pourquoi pas?

Ils ont parlé tout bas, tous les deux, presque chuchoté au milieu de tant de neige. La neige, peut-être pas, mais l'air pur, comme l'eau, porte loin les sons. De quoi, pourtant, auraient-ils eu peur d'attirer l'attention? C'est ainsi, simplement, ils se parlent toujours tout bas, dans leur maison, dans leur lit, au magasin comme à l'église. C'est ainsi qu'ils se sentent mieux à deux, plus proches.

Ils descendent donc, doucement, la piste même que les soldats doivent être en train de monter encore loin, mais on perçoit déjà mieux les chocs de leurs bâtons dans la neige ou sur des rochers, par moments le glissement des skis. Apparemment, ils montent plus vite qu'eux ne descendent. Ils doivent courir, l'un derrière l'autre, on les fait courir. On entend peut-être déjà leurs souffles. On peut imaginer les petits nuages qui prennent la file de l'un à l'autre. Celui qui les commande doit être parfois devant, parfois sur le côté, les regardant passer, les redépassant ensuite, pour reprendre la tête et signifier qu'il ne leur demande pas l'impossible, il montre l'exemple.

L'âge de Bénédicte, à ses yeux, n'a pas varié curieusement comme celui des soldats, il n'a changé que dans un sens. L'écart entre eux deux n'a pu que grandir, peu à peu. On ne voit pas vieillir ceux qu'on aime, surtout quand ils sont plus jeunes que vous. Il ne voit pas ses quarante ans, elle reste pour lui comme à trente, sinon moins. Ce qui la rapproche, relativement, de ces soldats, en l'éloignant de lui. Une trentaine qu'il sait tout de même dépassée, et donc plus faible, plus exposée, plus fragile.

Alors, avançant un ski après l'autre, proprement, bien, mieux qu'elle, il ne peut s'empêcher de gamberger, comme tout homme. Combien sont-ils, qui montent à leur rencontre? En général, une dizaine, rarement plus. Le fusil sur le dos ou non. On s'arrête sur le côté pour les laisser passer. On sourit, on fait un signe. Quelques-uns d'entre eux aussi, quelquefois, quelquefois non. Quand celui qui donne les ordres vient de leur en faire trop baver, sans doute, dans une si belle neige. Il est ainsi fait que, paradoxalement, il ne partage pas leur rogne contre ce chef, ce petit chef. C'est de lui le premier qu'il a cherché le salut, le sourire. Il a beau se dire que ça ne tient pas debout, qu'il pourrait très justement penser le contraire, il aime mieux ces dix hommes commandés que seuls, livrés à eux-mêmes. Qu'il y ait un responsable le rassure. Rien de toute façon ne pourrait se passer... En pays civilisé. Civilisé jusqu'en ses grandes solitudes, ses écarts les plus lointains et les moins peuplés, ce désert blanc, ce pur désert. Et qu'est-ce qui pourrait, se passer? L'improbable, le presque impossible, n'a jamais empêché quiconque d'être traversé, à certains moments, d'images folles, qu'il sait folles, mais qui ne lui en valent pas moins d'immenses joies que la chair de poule, ou le fou rire, ou tout ensemble. Ce qui pourrait, se passer, c'est que soudain, sur ordre ou non, les dix hommes les encerclent, Bénédicte et lui, dix fusils les clouent au centre du cercle blanc, sans défense. Le viol, ce n'est pas bon seulement pour les banlieues et les couloirs noirs, deux ou trois couteaux ouverts autour d'une imprudente. Depuis des siècles, les fusils font aussi bien l'affaire, et un uniforme, chamarré ou en loques, n'est pas une gêne. Alors, qu'est-ce que je fais? Je me bats comme un chien, en vain, ou je me sauve? Je ne me sauverais pas, je courrais chercher le plus proche secours... Et tout se ferait, là, dans la neige, Bénédicte, peut-être tuée, morte...

Délire, évidemment, léger délire, et bref, dont personne ne doit rien deviner, Bénédicte la première. Et les soldats s'approchent vraiment. On aperçoit le premier, dont on ne sait quoi – un pas d'avance? – dit l'ascendant sur les autres, alors qu'il leur ressemble en tout, l'âge, la tenue. Douze, les autres, qui sortent du bois un à un, pour croiser le couple, arrêté, gants défaits, bâtons au pied, à cet endroit découvert, dans un tournant de la grand-route de Font-Romeu, où il y a l'été une grande mouillère, un début d'étang de dix centimètres de fond. Des autos passent sur la route. Le premier rend à l'homme son sourire, bon signe. Les suivants ne le regardent pas, n'ont d'yeux que pour Bénédicte. On dirait qu'ils ralentissent pour la mieux voir, certains en tout cas. Leur hésitation met des à-coups dans la file, comme dans un train sous les coups de frein. Et naturellement tout le monde passe. On n'est pas au Chili, au Liban ou qui sait où...

Il y en a qui se retournent, comme s'ils regrettaient de s'éloigner. L'avant-dernier fait un signe à Bénédicte, au moment de disparaître dans le bois. Sans doute pas le plus mauvais. Elle lui répond en agitant un gant.

*

La neige, le froid, c'est vrai, rendent plus sensible à tout, excitent les craintes comme les joies. De cela étaient faites ces fièvres blanches de son enfance. Mais au grand soleil, en plein été... Il lui arrive d'avoir à combattre des frissons du même genre.

Les soirs de vacances, c'est toujours fête. Un homme soûl qui crie dans la nuit, ce n'est déjà pas très net. Cinq hommes soûls sont capables de tout.

Des amis d'Avignonnet leur prêtent en Espagne une minuscule maison blanche, qu'ils ont achetée au bord de la mer il y a vingt ans, quand c'était encore possible. En vingt ans, la petite maison et quelques voisines ont vu s'élever à côté d'elles, derrière et devant, quelques grands ensembles pour touristes. Elles gardent tout de même des vues sur la mer, et au moins sur l'agréable boulevard de la mer, son demi-cercle bien éclairé la nuit autour d'une petite baie. Ces dernières années, Bénédicte surtout aime y aller, une semaine ou deux, en août, ou juillet, maintenant qu'ils sont plus libres. Depuis trois ans, ils se préparent à mettre la quincaillerie en gérance. Le futur gérant est encore jeune mais de plus en plus capable de se débrouiller un moment sans eux.

Et là, il se produit quelque chose d'étrange, la première fois surtout, où on peut se demander assez longtemps de quoi il s'agit.

C'est une petite ville très calme, les matins y sont presque aussi silencieux que les neiges de Cerdagne. C'est le moment où les vieux pêcheurs d'encornets éteignent leur lamparo, la lumière du jour commence à suffire. On se demande toujours quels yeux il leur faut pour distinguer par deux mètres de fond ce que tant de nageurs à masque ne voient jamais, le nez dessus.

C'est alors qu'une sorte de chant très scandé s'entend de loin entre les maisons, disparaît, revient. Au fur et à mesure qu'il s'approche, on devine que ce qui le scande, ce sont des bruits de souliers, un piétinement rythmé, d'hommes qui courent comme s'ils marchaient au pas, frappant fort à chaque mot du chant le goudron du boulevard. Et ce chant arrive comme haché, en tranches, d'une autre façon encore que par les intervalles entre maisons et grands ensembles. Il s'agit d'une phrase lancée par un seul, renvoyée en répons par une vingtaine. Un chant martelé et essoufflé, chaque phrase se voulant le plus possible affirmée, proférée, proclamée, à la manière d'un mot d'ordre, que l'ignorance de la langue fait paraître plus rude et impérieux. On peut penser à une petite manifestation, mais une manifestation qui court?... Et en si bon ordre, et si tôt le matin?... Quand on voit ce que c'est, on ne se trouve qu'une excuse à ne pas l'avoir compris plus tôt, c'est que ça jure tellement avec un lieu de villégiature qu'on ne l'y attendait pas. Ce sont des soldats, là aussi à l'entraînement, le long des plages, sous les yeux des premiers baigneurs du jour. Ils courent ainsi, en treillis vert et gros souliers, plus ou moins lourdement chargés. Ce chant de défi, menace ou confiance, les soutient dans leur course, et quand on les connaît mieux, certains jours, on voit qu'ils en ont bien besoin. Mais cette première fois, les premières fois, impossible, quand on a eu entre cinq et dix ans pendant la dernière guerre, impossible de ne pas se souvenir des soldats allemands, dans nos villes et villages, clamant ... – sans courir, eux, le plus lentement possible, au contraire, défilant – ce qu'on entendait comme : – A-li- A-lo !... et s'achevait dans un éclat de rire d'artifice, sans joie... Réveillé en sursaut, en pyjama sur le balcon de la minuscule maison, Bénédicte toujours dans les draps, les yeux ouverts, il s'étonnait comme toujours d'entendre son cœur battre si fort pour si peu. Il est rentré en disant, là aussi : – Ce n'est rien, des petits soldats... Ils en sauront un peu plus les jours suivants. Pas vraiment une ville de garnison, un petit camp sous les pins, de grandes tentes kaki entourées de barbelés jusqu'au bord d'une falaise, il doit y avoir plus pénible comme champ de manœuvre, surtout à la belle saison. D'autres matins, d'ailleurs, les mêmes soldats sans doute courent sans chant ni commandement apparent, et sans treillis ni souliers, en maillot de corps et tennis, simple jogging où, si les premiers restent un peu groupés, comme en un départ de cross, il y en a toujours qui prennent du retard, des traînards qui boitent ou sautillent, un dernier qui marche, ou s'arrête pour renouer un lacet. Ça change tout. Ils ne sont plus les mêmes. On les aimerait, on leur ferait un clin d'œil, comme quand on les croise, le soir, seuls ou à deux ou trois, à la petite fête foraine permanente en temps de vacances. Il y en a un qui pisse tranquillement sur le beau mur blanc de la propriété d'un Belge. Ayant fait et reboutonné, soigneusement, au lieu de rejoindre doucement le gros de la troupe, il pique un vrai sprint pour aller se replacer au plus vite dans le peloton de tête. Celui-là, il faudrait peut-être s'en méfier, dans certaines conditions.

*

Bon, on est en Espagne, pas tellement d'années après le franquisme. Les policiers espagnols, formés à cette école, n'ont pas eu le temps de devenir les plus polis du monde. C'est sans doute ce qui fait vibrer l'air un peu plus fort autour de ces chants. Aussi quand on les entend sur la mer, comme ça arrive. Trois grands Zodiac bleu-vert, dix pagayeurs dans chaque, au même rythme, gris vikings de Méditerranée lancés vers quels abordages...

Des armées, il en faut, hélas, on ne voit pas qui pourrait s'en passer... Et à moins d'avoir des raisons particulières d'être plus émotif que d'autres là-devant, il n'y a pas à faire un monde de ce que tant de gens, dans tous les pays, acceptent dans l'indifférence ou la gentillesse, au plus avec une pointe d'hostilité ou d'appréhension. Lui a sans doute une raison.

Pas trente-six, une. Raison d'une minute. Une minute lointaine. De celles qui tiennent ensuite toute une vie dans leur clarté ou leur ombre.

*

Algérie. A peine un douar, quatre gourbis, basse montagne. Avoir vingt ans. On a bu pour le courage. Les paras ouvrent les portes à coups de pied. Quand il se décide, le cinquième, elle ne bouge plus beaucoup. Elle a six ans.

LES BEAUX ENFANTS

Il ne méritait pas ça. Une vie de travail, une fortune, et cette enfant inespérée. Désespérée, plutôt. On l'avait espérée longtemps. On n'osait plus, depuis longtemps. Et en fait, c'est un garçon qu'on avait espéré.

Vanderlynden Auguste ne s'était marié qu'à trente et un ans, avec une cousine de vingt-six. Un peu laissés-pour-compte tous les deux, pour ce qui est de l'amour. Lui au moins avait eu autre chose à faire, c'est ce qui l'avait retardé. Héritier de trois petites usines, dont son père avait hérité la plus petite, il en avait vite racheté une quatrième, grande, qu'il devait revendre pour la remplacer par une neuve, un peu plus grande encore, en « dégraissant » comme il faut. Le mot n'était pas encore employé, on n'était qu'en 1931. Deux cents ouvriers à la rue, il était en quelque sorte un précurseur. C'est connu, l'argent, comme souvent la victoire, va vers ceux qui ont une idée, même fausse, les premiers. De la même façon, on chuchotera à sa mort, parce que leurs noms étaient dans l'air, dans l'actualité, qu'il avait à lui seul montré l'exemple aux quatre frères Willot. Plus malin qu'eux, même, puisque lui ne s'était pas fait prendre, travaillant, il est vrai, sur une moins grande échelle, au début. A la fin, il avait deux autres grandes usines, et n'avait jamais revendu les plus vieilles, gardées comme talisman.

La petite était infirme. Il y a dans la vie des milliers de coïncidences, qu'on ne remarque pas, parce qu'elles ont l'air de ne rien signifier. Elle naissait infirme, en Quarante. En janvier Quarante, pour préciser. Elle précédait la défaite de six mois, l'affaire se compliquant de ce que le papa ne manquait pas de raisons de voir la défaite comme une victoire. Il n'allait pas si loin, en tout cas dans les conversations non privées. Reste que plus tard, quand l'enfant commencera ses frasques, vers ses quinze ans, l'année Quarante ne sera pas loin de paraître symbolique, cette naissance d'abord, l'invasion ensuite : l'infirmité n'était rien à côté de ce qui allait venir.

Une fille unique infirme qui vous tombe à cinquante ans – et la mère quarante-cinq –, c'est un malheur, mais qu'une grande famille digère sans trop de drame. Un accident marginal, au bout de trois ou quatre générations de mariages consanguins, à la mode de Lille-Roubaix-Tourcoing, et qu'on reçoit discrètement, en se refusant jusqu'à la dernière minute de parler ou laisser parler de fin de race. Jeunes, M. Vanderlynden et sa femme étaient allés plus à l'église qu'au bal, et dans leur lit, s'ils concevaient, fort bien, la venue d'un garçon, il ne faisait pas souvent grand-chose pour. A plus forte raison, la petite, s'il n'y avait pas eu, là aussi, le précédent de la vierge Marie, on se serait demandé encore un peu plus d'où elle émanait. Née ainsi des dernières gouttes d'une estimable lignée, Valériane Vanderlynden aurait bientôt autre chose à faire que de se prendre pour le Messie. Deux pieds bots, les deux bras atrophiés, la tête tombant toujours d'un côté ou de l'autre, commençant à parler fort tard, et de peu d'appétit, sauf... Elle ne pensait qu'à son sexe, la seule partie de son corps qui fonctionnait bien, et même trop bien. Toute petite, il fallait sans cesse lui retirer les mains de là, il aurait fallu lui lier les bras, tout juste assez longs pour y arriver. On en avait voulu jusqu'à la mort au médecin coupable, qui avait pris ça à la légère : tous les enfants font ça. Tout juste s'il ne suggérait pas que, dans son cas, si peu de plaisirs étant en vue dans sa vie présente et future... A treize ans, des gamins vicieux savaient être bien reçus en venant la taquiner dans sa petite voiture. Cette histoire de ses quinze ans a fait date : un plus âgé, dégrossisseur à l'usine mère, avait le premier compris qu'en l'aidant on pouvait la sortir de là, la mettre debout et la laisser couler sur une balle de jute, au fond de la réserve aux matières premières. Le scandale alors évité de justesse ne pourrait plus l'être, Valériane libre et énormément riche, et juste majeure, à la mort d'Auguste. Une tutelle? Impossible, elle avait tous ses esprits, éveillés un à un par sa seule passion, peu actifs certes en d'autres domaines, mais présentables avec un petit effort sur réquisition d'un juge, d'un notaire ou d'un psychiatre. Et elle avait tout ce qu'il fallait pour n'être à la charge de personne, on la laissa assez vite tranquille.

On pourrait croire qu'elle se mit à payer, en douce, une foule d'amants. Pas du tout. Elle gardait des Vanderlynden un certain sens de l'économie. Elle trouva mieux. Pas un homme ne pouvait vouloir d'elle, mais de sa fortune?... Aussi étonnant que cela soit, elle n'a jamais manqué de prétendants. Elle ne voulait d'aucun, seul. Elle n'allait pas gaspiller mille possibles pour un mari. A tous, elle laissait assez d'espoir pour qu'ils ferment les yeux, dans l'obscurité de la chambre, sur ce qui pouvait les gêner. Il se trouve d'ailleurs que son visage n'avait rien d'horrible; elle était laide, simplement, sans difformité. Des traits de cinquante ans à vingt, et qui n'ont pas beaucoup vieilli depuis, et tous les aspirants milliardaires n'avaient pas vingt ans non plus. Elle fut enceinte sans hésitation, sans hésitation accepta de le rester. Un garçon vint, infirme comme elle, peut-être un peu moins. Pas assez pour justifier qu'elle continue. Elle avait d'autres raisons, et pas toutes physiques. Si Robert n'avait pas droit à la vie, et un ou une autre après lui, elle-même y avait-elle droit? On pouvait trouver parfois quelque chose d'assez crâne dans l'affirmation presque publique de ce droit. Elle s'accrochait à ses plaisirs comme les régimes déclinants s'accrochent à l'histoire, jusqu'au défi de flambantes catastrophes. Rose vint à son tour, deux ans après, plus abîmée que sa mère, un début de mongolisme sur le visage et au cou. Puis Gérard, après trois ans, qui n'aurait pas vraiment besoin de voiture, tenant à peu près debout, quand il n'a pas à marcher, et Denis, enfin, cinq ans plus tard. Et plus rien, la source sans doute tarie, avec la trentaine.

Depuis, Valériane, sans cacher ce qu'elle continue à être, avec plus d'hommes qu'on pourrait croire, le monde est ainsi fait, a opéré une petite reconversion. Léger « dégraissage » de ce côté, pour réinvestir tout ce qui en elle est sentiment dans cette famille qui n'est qu'à elle. On veut lui faire honte? Il faut que cela soit spectaculaire. Ses cinq enfants, donc, vivent naturellement avec elle, dans un château du Croisé-Laroche, où ils ont chacun leur appartement, et pour tous la domesticité et les voitures nécessaires. Et aujourd'hui, cela se produit ainsi, dans les endroits les plus en vue : gare de Lille, plus de la moitié d'un wagon-lit retenue pour elle, les siens et leurs aides. Ou bien Le Touquet-Paris Plage : le bar-glacier-pizzeria qui crève le plafond, terrasse les pieds dans l'eau... Ils débarquent là tous ensemble, comme en corps constitué, passant des six grandes voitures dans les petites. Elle arrive la première, poussée par un garçon et une fille d'une vingtaine d'années. Vêtue sobrement, grand couturier, elle regarde tout le monde dans les yeux, ne les baissant devant personne, la tête très droite un moment, comme elle en est capable. Suivent Robert, poussé par un jeune couple du même âge, un an ou deux de plus que lui, donc, puis Rose, qui roule sur ses dix-huit ans; puis Gérard, que ses deux aides portent presque pour qu'il marche; Denis enfin. Six petites voitures et douze jeunes gens valides se regroupent un instant devant l'entrée des lieux, comme pour élaborer un plan d'action, surtout s'il y a une marche. Et on s'aperçoit alors que les douze ont été choisis d'une grande beauté. Une grande beauté un peu faible, un peu triste, bien que saine et droite. Pas question de les imaginer frères, sœurs ou cousins des jeunes malades, dont la parenté avec la mère saute aux yeux, tous assez grands et forts comme elle, la Flandre n'est pas loin comme leur nom l'indique, ainsi tout de même perpétué. On pense à des étudiants, peut-être des étrangers au pair. Peu doivent former un couple à proprement parler, ils sont ainsi simplement associés, assortis, par les hasards d'une embauche, peut-être pour un seul été.

Et dès lors, on ne voit plus qu'eux. On est comme fasciné par cette beauté. L'un soulève Valériane de ses deux avant-bras sous les aisselles. On devine qu'elle lui dit : – Pas ainsi... et elle lui saisit les poignets comme pour un appui de barres parallèles ou de cannes anglaises, et marche devant lui, assez sûre d'elle, au-devant de tous les yeux. Pendant quoi Robert, qui a son tempérament, a donné une tape colère sur la main de la jeune fille qui se tenait derrière lui, à l'arrêt. Elle lâche tout de suite le dossier de sa poussette. Il se charge de tout, manœuvre en marche arrière, marche avant, en actionnant les roues, de ses petits bras, avec une certaine dextérité, de plus en plus vite, comme pour se faire voir de toute cette terrasse...

On ne voit plus qu'eux, les six garçons et les six filles bien debout au milieu des branlements de chefs, des gestes désaccordés, des grognements d'hommes préhistoriques. Les filles ont seulement le teint très pâle, les garçons le regard soucieux, parfois sombre, mais tous font avec dignité et modestie – un petit air anglais ? – et soin et respect pour ceux qu'ils assistent, un travail d'exception qu'on devine assez bien payé.

On ne voit plus qu'eux. Ce n'est pas vrai, ce monde n'a pas perdu toute beauté.

S'ÉPANOUIR

Robert Schneider soigne vachement son physique. La chimie, chercheur, ce n'est pas rien. Cet homme a dû, depuis au moins dix ans – il en a trente – beaucoup faire pour atteindre à l'équilibre. Et d'abord pour donner l'impression de l'équilibre.

Vous le rencontrez dans la rue, il vous propose de boire « un pot ». Avec lui, ce n'est pas dans un petit bistrot, les tavernes de la bourgeoisie ne lui font pas peur. Et dès qu'il est assis en face de vous, voilà le manège : il sort une énorme pipe jaune, pose sa blague sur la table, comme d'autres feraient d'une bourse au moment de conclure un marché : à prendre ou à laisser. Une blague en beau cuir roux, à lacets, rien que de l'ouvrir, c'est toute une cérémonie. Il bourre sa pipe, bien. Les coups de pouce. Savants. Comme un coureur vérifie son boyau, ni trop ni trop peu. La pipe, ça doit être de l'ambre, ou, comment dit-on? de l'écume, un vrai bijou : il y a peut-être, comme pour les cheminées décoratives, un fourneau intérieur réfractaire et un revêtement flatteur, plus bijouterie que débit de tabac. D'ailleurs, il ne l'allume pas. Il doit bien l'allumer de temps en temps, et la fumer, mais là, devant vous, pour mieux vous parler, et vous manifester une sorte de politesse, de considération, il la pose soigneusement sur la table, à côté de la blague. Et il sort son briquet. Pas la moitié d'un non plus. Un briquet à pied, en forme de lampe antique, apparemment, mais recouvert d'une matière plastique rouge, les bordures dorées. Il en a plein la main. Toute la conversation, vous allez vous demander quel feu ça va faire, ce machin-là. Vous n'en saurez rien, il y a neuf chances sur dix pour qu'il ne l'ouvre pas. Il va le tenir dans sa main droite en vous parlant, pour mieux faire les gestes, ou que vous les voyiez mieux. Il va le poser sur la table. Quand il a fini tout son étalage, il faut chercher de la place pour les verres.

Après ça, la simplicité même. Il a dressé sa barrière, sa petite barricade, il peut tout se permettre dans le sens du naturel, de la camaraderie la plus spontanée. Pas une seconde, ce qu'il a fait ne disait une prétention, l'étalage d'un luxe. Au contraire. Au fond, il a peut-être besoin de ça pour ne pas être timide. Il ne l'est pas. Un psychanalyste aurait à dire sur cette grosse pipe, ce briquet caressé, cette flamme retenue. Lui-même, une idée doit bien lui venir de ce côté, puisque, d'un gros majeur, il se gratte l'entrejambe, sans vraiment s'en rendre compte, ni penser à s'en cacher, sous le bord de la table. Il vous regarde dans les yeux, rit, parle idées et sentiments, la bouche et les mains plus libres que s'il fumait, déplaçant parfois un de ses avant-postes avec autant de réflexion qu'un joueur d'échecs sa reine.

Là, il faut que vous ayez devant vous un homme qui a de la réserve. La recherche, vous savez ce que c'est? Oui, en gros. La chimie? Ses arrières aussi sont assurés. Il n'y a pas à en faire mystère, le mystère est. Dans son dos, un univers très secret de vapeurs et d'odeurs... Mirages de liquides colorés, les yeux plissés, devant des lampes ou des fenêtres, à travers des verres ballonnés, serpentinés, fins comme l'air. De matières, peu. Si on cherche, c'est qu'on n'a pas trouvé. On vise un vide avec *x* chances sur cent de le manquer et de faire mouche en plein inconnu. On explore les creux du savoir. Un travail, oui, dans ces hauteurs où l'air même n'est plus chez lui. Comme les paysages estompés des primitifs flamands, on chercherait presque par-dessus ses fortes épaules ce désert de lumière et de roc, ces solitudes admirables de la spécialisation extrême.

Cela tombe bien, la façade naturelle, son corps, a toutes les apparences de la solidité. Une santé tranquille. Un mètre soixante-douze, pas plus, mais de la largeur et du poids. Secrets et incertitudes bien contenus là-dedans, il parle à peine plus haut qu'il ne devrait, les tweeds qui l'arrondissent encore sont juste un peu trop colorés, et juste un peu trop chauds pour le pays ou la saison le cache-nez de kashmir, sans jeu de mots, jaune, dont il se protège volontiers la bouche.

Il a, chez lui, une femme petite et vive, qu'on dirait toute noire, sauf la peau, et le rire. Elle sort peu, mais partout où on les voit en ville, il paraît l'énorme électron de ce noyau. On sait comme il l'aime. On pourrait avoir l'impression qu'il la cache, se la garde jalousement, mais non, quand on dit qu'elle sort peu, c'est moins de sa maison que de son quartier. Là – trois ou quatre immeubles neufs, autant de villas, dont la leur, égayées de pelouses et d'arbustes, une belle petite place entourée de boutiques –, elle est toujours dehors, connaît tout le monde et tout le monde la connaît. Seulement, elle n'a pas beaucoup de goût pour le reste de la ville, préfère s'éloigner le dimanche vers les vignes, la mer ou la montagne, et quand il va à Paris, ou à l'étranger, quatre ou cinq fois pas an, il y va seul, sage d'ailleurs, et pressé de revenir.

Leurs amis n'ignorent pas comme il serait moins fort sans elle. On les croirait contraires, ils se complètent : l'un ne serait pas, sans l'autre, aussi différent de l'autre. De loin ou de près, ils s'assurent, comme on dit en montagne. Leurs deux garçons, en tout, l'allure comme le caractère, font entre eux la moyenne et le trait d'union. Robert Schneider, sans un mot de trop, ni fausse modestie, ni vantardise, peut jouer – qui ne joue ? –, jouer sincèrement son personnage d'homme heureux.

*

C'est là que tout commence, au début des années soixante-dix. Gérard, l'aîné, a quatorze ans. Jusque-là, il a été, ni plus ni moins, ce qu'on peut appeler un bon élève. Il entre en troisième, et tombe dans un trou noir. Dès la fin du premier trimestre, alerte, rien ne va plus. Proviseur, censeur, surveillant général, consultés comme en descendant l'échelle, s'interrogent autant que les parents. Gérard se tait. Il n'a jamais été très bavard, mais là, il se tait. On cherche, loin et près. Ce mutisme ? Dès la petite enfance ? Il jouait en silence. Du côté des parents, à elle ou à lui ? Rien. Peut-être un oncle un peu sombre. La puberté ? Tout de même pas la drogue, déjà... On y pense, évidemment, mais pour dire non. Vérifier tout de même, et c'est bien non. De mauvaises fréquentations ? Il n'en a jamais eu aussi peu, de fréquentations. Il ne va même plus au tennis, ni au club photo. Quand on trouve, c'est vraiment au dernier endroit où on aurait pensé chercher. On trouve grâce à une confidence du cadet, Pierre, douze ans.

Robert éclate d'un grand rire, retenant son majeur, en bonne voie d'aller lui gratter l'entre-deux jambes :

– C'est pas vrai! Le chômage? Qu'est-ce qu'il a à voir avec le chômage?

Petit Pierre a un haussement d'épaules amusé : c'est peut-être des histoires, un prétexte? On ne croit pas à un prétexte. Gérard, jusque-là, était le plus franc des enfants.

On en parle à table, sans détour, presque à la blague : problème découvert n'est pas loin de faute avouée; il est à moitié résolu.

– Où tu vas chercher le chômage? Autour, je veux bien. Et tout de même loin autour de toi. Mais toi? Pour commencer, toi, tu es là, au lycée, et après en fac, jusqu'à vingt-cinq ans... Onze ans devant toi. T'as de la marge...

– Moi, treize, dit Pierre. Ça porte bonheur.

On les voit assez facilement chimistes, comme leur père, mais plutôt côté industrie que côté science. Plus d'avantages.

– Justement, tout ce temps, pour quoi? S'il n'y a rien au bout?

– Mais tu es fou? D'abord rien ne dit que d'ici là... Et de toute façon, tu ne risques pas d'être le premier touché...

Les idées des enfants... Les idées noires des enfants à cet âge... Qu'ils y croient vraiment ou non... Comment un danger naissant, et aussi lointain pour eux – en ces années, cela ne fait que s'amorcer et personne ne peut sérieusement imaginer qu'il y aura un jour deux millions de chômeurs – est-il venu toucher là, à ce petit défaut de la cuirasse?

Chômage ou pas, fantasme ou pas, la troisième redoublée, la seconde en passe de l'être, il faut bien, l'angoisse virant brusquement à l'optimisme, décider d'un tournant.

Gérard : – Le bac technique, à la rigueur, et un débouché court, tout de suite après, comme ça, je veux bien.

A partir de là, tout s'arrange. Il y a un Bon Dieu pour les modestes. Robert, qui a toujours penché vers le progrès, et sa femme, croyante fervente, mais de gauche, peuvent prendre mieux que beaucoup d'autres l'idée d'un travail manuel pour l'un de leurs fils, dans certaines conditions. A vingt-deux ans, de retour du service militaire, Gérard ouvre une bonne petite entreprise de plomberie, qui bientôt le fera, « *al païs* », gagner plus que son père.

*

Minute... Car l'épreuve passée, huit années tout de même, c'est toute la famille Schneider qui prend son essor. Les « bêtises » de Gérard ont servi de leçon à Pierre, qui le sera, ingénieur, à coup sûr. Un mouvement du même genre s'est-il annoncé en Robert ?

Au plus fort de ces « bêtises », soucieux sans doute, son travail au laboratoire a montré des faiblesses, qui lui ont été reprochées. Sinon le chômage, il a peut-être craint des sanctions, précisément au moment où l'antenne locale d'une des plus fameuses multinationales lui faisait des avances. Il y a répondu sans hésiter. Il gagne trois fois plus, et voyage quatre, accompagné de jolies secrétaires. On le voit de moins en moins en ville, où on lui a connu déjà deux liaisons flatteuses, dans la meilleure société. Conseillé sans doute par une de ses amies, il a abandonné la pipe pour les mini-Davidov, et du même coup la belle blague et le briquet ont disparu de la scène. Plus de discrétion aussi dans le vêtement, cachemire gris de chez Cerruti faisant oublier les tweeds un peu criards, le cache-nez laissant place à tout un bataillon de cravates du meilleur ton. Sa femme a eu comme une hésitation à le suivre dans cette course en avant. Une année ou deux, où elle a paru plus noire et cachée que les précédentes. Puis elle est sortie de son quartier. Des petites activités sociales auxquelles elle ne s'est jamais refusée dans sa paroisse, elle s'élève à des formes de plus en plus en vue d'animation culturelle, cinéma d'essai, conférences littéraires, « Théâtre de la Cité », ayant ses entrées à l'évêché, et nouant malgré tout de bons contacts de travail avec les responsables et services intéressés d'une municipalité de centre droit, assez ouverte en ce domaine. Elle qui n'a jamais eu besoin d'être rappelée à la discrétion en fait sans mal sa distinction, dans les réceptions ou cérémonies où elle se montre désormais fréquemment au bras de son mari. C'est le bon marché qui tape à l'œil; ses bijoux, robes et tailleurs imposent le respect. Son grand regret est de n'avoir atteint au niveau Chanel qu'après la mort de celle-ci. Au moins se voit-elle, dans sa province, accéder à cette modestie brillante des Monique Pelletier, Simone Weil, Anne-Aymone de la République ou Mme Mitterrand. Ses nouvelles responsabilités ont commencé à l'appeler à Paris assez souvent, et une ou deux fois à l'étranger, dans le cadre des jumelages de communes. On ne lui connaît pas encore d'aventures. Son sourire a changé mais c'est toujours son sourire. L'électron et le noyau se sont évidemment inventé des rapports plus libres, plus élastiques. Sauf pépin en cours de route pour Petit Pierre, ils ont le sentiment, comme beaucoup de gens à leur propos, qu'ils sont bien plus heureux qu'avant. On dit qu'ils se sont épanouis.

MORT PAR HOROSCOPE

HEUREUSEMENT, les gens sont cons que c'en est apaisant. Plus con que les gens, il n'y a pas. Si on savait en ville que c'est moi l'astrologue du journal, je ne saurais plus dans quel trou me mettre. Pourtant, la moitié des lecteurs suit, d'un œil angoissé ou distrait, ce que je prédis chaque matin pour leur cas, voire celui de leurs proches. Je n'y connais rien, je jure que je n'y connais rien. Parce qu'il n'y a rien à connaître, j'en suis persuadé depuis le premier jour. J'ai lu un livre ou deux là-dessus, surtout pour le côté technique, quand on m'a filé cette rubrique en plus des chiens écrasés. Instruis-toi, Jean-Philippe, m'a dit le rédacteur en chef. Fallait au moins que je sache les dates, les périodes, Bélier, premier décan, deuxième décan… Comme les astres ont changé de place depuis l'Antiquité où ces repères ont été fixés, ça ne risque plus de tirer à conséquence.

Madame Françoise, c'est moi. Changements de sexe et cumuls baroques courent comme ça les rédactions des journaux de province. Ce n'est pas notre coin de Vendée qui fera exception. Un rédacteur sportif passe moins de temps au football qu'au fignolage de ses billets patoisants. La chroniqueuse de télé fait face aux livres, la mercuriale, le commentaire de la Bourse et « Votre santé ». On ne meurt pas plus ici qu'ailleurs. Le spécialiste, parisien, de politique intérieure s'est attribué le coin du chasseur, avec un petit supplément et frais de déplacements en saison. La page sociale couvre de son aile le tiercé, les mots croisés, le scrabble et la nécrologie, c'est gai. Note, c'est assez général : mon copain Grégoire, licencié de philo, vient de réussir à se faire prendre dans un collège libre. Comme le poste de philo est occupé, il fait latin-français aux sixième et cinquième et histoire-géo aux troisième. Utilisation des compétences, il est évident que je ne pouvais pas me passer de mon bac de maths pour faire ce que je fais.

Même « chiens écrasés », on dit toujours, mais il y a beaux jours que les journaux, y compris de province, n'ont plus de place, s'ils l'ont jamais eue, pour les accidents de ce genre. Le monde fait mieux, dans tous les domaines. Ça m'a tout de même donné une idée, on a la tête logique ou on ne l'a pas. Deux idées, même, la deuxième, je me la garde, ambitieuse, en attendant de pouvoir la proposer plus haut. La première : les gens qui me lisent, qui lisent Madame Françoise, c'est le type de gens qui en ont souvent un, de chien, ou un chat, un canari, etc. Je suis peut-être le premier à avoir introduit dans mes présages des petites phrases comme ça : « Vierges du premier décan, si vous avez un animal domestique, attention... » Ou « Taureaux, la nouvelle lune risque de vous mal disposer à l'égard de vos compagnons de poil et de plume. » Je rigole, sans dire à la légère que les sondages ne sont pas faits pour les chiens : ils confirment que ça marche. D'où la deuxième, idée, que je réserve pour pas moins que *France-Soir, Paris-Match* ou *Trente Millions d'amis,* où elle ferait sûrement un tabac. Ou alors les périphériques, qui paieraient bien aussi. Plus la prévision du comportement des humains à l'égard de leurs bestiaux, mais tout droit la bonne aventure du caniche ou du lapin angora. Eux aussi, ont une date de naissance, un signe astral. Personne n'y a jamais pensé. Il faudrait peut-être ne pas perdre de temps; ce genre d'idées, trop bonnes, arrive toujours à tomber dans la tête de quelqu'un, et il n'y a pas de brevet.

Comment je fais? En dehors de m'amuser, j'ai un point de départ facile. Il n'y a qu'une chose qui tienne debout dans tout ça, c'est la date de naissance, justement. Je veux bien qu'un type né le 15 août à midi n'ait pas le même tempérament qu'un qui a vu le jour à minuit un 25 décembre. Ça tombe sous le sens. Il n'y a pas besoin de faire le grand détour par les étoiles pour comprendre ça. Le premier, du ventre de sa mère, a vu surtout la montée du printemps, ne serait-ce que par la fréquence accrue des visites de papa, ça vous forme un homme. Le second n'y a connu que la déconfiture d'un automne et ses petits poings serrés à l'approche des grands froids. Le parcours utérin décide, les constellations ne font qu'illustrer. Celui à qui sa mère avait l'air de promettre le soleil et qui tombe à la Toussaint a plus de chances d'être pessimiste que celui qui en avait marre des frimas et saints de glace quand lui arrive la bonne surprise du muguet. Il est vrai que, comme dit mon copain Grégoire, pessimisme, optimisme, à notre époque, après tout ce qu'on a vu, et avant tout ce qu'on va voir, ce n'est plus aussi simple. Il s'étonne que les gens à qui on pose la question ne savent jamais bien quoi répondre, parce qu'ils n'ont pas vu apparaître deux catégories nouvelles, qui à elles seules enlèvent peut-être la majorité : les optimistes tristes et les pessimistes gais. Lui-même, dit-il, ne cesse d'osciller entre les deux, et il pense que beaucoup de gens sont comme lui. Il ajoute que rester pessimiste triste, comme sa femme, ça va friser bientôt la marginalité, en tout cas, ça fait rétro. Il avait cru aimer en elle une sorte de romantisme noir, fragile et nerveux, et ils ne sont pas depuis cinq ans ensemble qu'il la trouve terriblement classique dans le désespoir quotidien.

Verseau, elle, Solange. Et Bélier, deuxième décan, c'est lui, Grégoire. Tout le monde connaît comme ça, autour de lui, à pouvoir mettre noms et prénoms dessus, tout l'arc-en-ciel des tempéraments. Mon Poisson pilote s'appelle Jules. Il ne va pas réagir à l'approche des vendanges ou à la chute des feuilles, surtout d'impôts, de la même façon que cet agité de Léon, qui me sert pour les Sagittaire. C'est ainsi que je m'amuse à prévoir, non ce que l'univers leur réserve, mais ce qu'ils vont lui répondre.

Il y a de la marge. J'ai vu un jour un journal du Sénégal, de Dakar. Ce que la prédiction de l'avenir devient, réduite au plus simple de leur vie, quand elle s'adresse, comme individuellement, aux Peuls éleveurs ou aux cultivateurs du poto-poto, ça vaut son pesant de cacahuètes.

Je l'aime bien, Grégoire. Je l'ai toujours aimé, déjà quand il avait quinze ans et que j'en avais dix. Il m'a fait très mal mais je l'aime toujours. Le mal reste, comme indépendant de lui. Le fait est qu'il n'y est plus pour rien, maintenant. Elle vit en Angleterre, avec son mari, dans le quartier on dit bien casée. Elle n'a pas été longtemps avec Grégoire. J'avais quinze ans, elle dix-huit. N'importe quel autre aurait sans doute pu me la voler de la même façon. Je la voyais tous les jours depuis une dizaine d'années. Elle ne s'était peut-être pas rendu compte que je la regardais, ses yeux vingt centimètres plus haut que les miens. Moi, je savais que ce serait elle ou personne. Et en vérité, ça a été personne, jusqu'ici. Aucune autre ne me paraît valoir le risque, l'effort et l'investissement d'espoir d'une vie à deux. Reste un doute : sans Grégoire, peut-être elle serait restée là, disponible, je grandissais vite et, il y a un an ou deux, elle arrivait à ma portée. On entrait en conjonction, en quelque sorte. Et j'aurais été capable, comme on dit, de réussir ma vie autant que n'importe qui.

Ils seront les derniers à savoir, Solange et Grégoire, que je fabrique ces bulletins tous les jours. Lui, d'abord, pas de danger qu'il en lise une seule fois la queue d'un. Il s'en fout encore plus que moi. Même quand j'ai essayé de le provoquer, un soir, chez eux, en disant : – Vous avez vu, cette connerie qu'ils vont jusqu'à écrire, là?... c'est tout juste s'il m'a entendu. Elle, prétend qu'elle n'y croit pas, mais je sais qu'elle y jette un œil, de temps en temps, et je lui tends des pièges, je parie que je l'accroche petit à petit. Madame Françoise devient un sujet de plaisanterie entre nous. Je suis peut-être un peu vache mais, pour éprouver sur elle je ne sais quel pouvoir, ça ne me déplaît pas de remarquer comment, ces moments-là, plus elle rit fort, plus elle a les doigts qui tremblent.

Au fond, mes petites prophéties, ça s'écrit comme un éditorial. Pour être lu le lendemain, il faut bien sentir, la veille, l'air du temps. Un coup d'Etat en Centrafrique, un tremblement de terre en Amérique du Sud, le départ des hirondelles, le ciel prévu couvert, une déclaration rassurante sur le Sida, un point de plus pour le chômage, la maladie des genêts, tout peut être pris en considération. Ma vingtaine de témoins vivants, je devine assez, au moins, les tentations qui vont s'emparer d'eux devant tout ça. Je brode là-dessus. Tous ceux de la même famille s'y reconnaîtront plus ou moins.

« Verseau : si vous vous sentez incapable d'effort, si vous doutez de vous-même, ne vous en prenez qu'à vous. Rêve et réalité ne peuvent être confondus. En vous laissant aller, vous manquez à qui vous aime et risquez de trahir même ce que votre signe a eu de positif les mois précédents. »

La belle confiance en eux des Bélier, chez Grégoire, est telle que rien n'avait la moindre chance de la fêler, s'il m'avait lu une fois par hasard. Mais je me suis avisé il y a six mois qu'elle, Solange, lisait, très certainement, ce qui pouvait le concerner, lui. Depuis, je m'amuse à ça aussi.

« Bélier, votre riche assurance n'est pourtant pas sans limite. Méfiez-vous de ce qui peut, de très près, la grignoter, jour après jour. Ne vous épuisez pas à vouloir sauver qui ne le mérite pas. »

J'imagine des conversations entre eux, la nuit, là où ils doivent s'entendre le mieux. Le jour, le regard des autres sur eux, le mien par exemple, doit les gêner. Je n'arrive pas à comprendre où et comment ils ont pu se trouver, s'associer. Même le latin et le français aux sixième, il le fait joyeusement. Ou alors, le départ pour l'Angleterre l'a touché, lui aussi, plus qu'il n'a voulu le montrer. Elle, pour commencer, ne se lave pas souvent. Elle a toujours une mèche noire dans les yeux. Elle a essayé dix boulots sans succès. Pour peu qu'on cherche, on lui trouve à coup sûr un bouton déboutonné, ou décousu, quelque part. Avant d'avoir bu, elle tombe dans les escaliers, parce que, dit-elle, elle s'est mise à faire attention à ses pieds, c'est connu, le pianiste qui veut contrôler ses doigts est foutu... Elle pleure dans les coins, elle fume un peu, disant que tant qu'on ne se pique pas, c'est pas grave, penses-tu...

*

Ils sont allés chercher ça à Etretat. Il aurait fallu lui suggérer de se méfier des falaises. En haut de celle-là, elle s'est pris le pied dans un lacet défait. Elle avait du retard sur lui, déjà au bord, à regarder l'Aiguille, en dessous. Elle lui est tombée sur l'épaule. Il aurait résisté, s'il n'avait essayé de la retenir au passage. On les a ramassés en bas, la main dans la main.

J'ai fait acte de courage et j'ai refusé de continuer. Mauvais point, professionnellement, j'ai avoué mon incapacité. Je ne saurais plus me forcer, je n'ai plus de vrais amis, il n'y a plus de raison.

LES DAMES DE MEUSE

MINEUR au vert... Hein? On va mettre le mineur au vert. C'est ce que Camille pense. Penser, parler, quand c'est parler à sa femme, avec qui on a, croyez-le ou pas, m'sieurs-dames, tout vu, tout, tout ce que toute une vie fait voir... Penser, parler, c'est la même chose, hein? Elise? Et se taire revient à parler. Les mêmes idées, les mêmes mots vous traînent dans la tête en même temps. Hein? On va le mettre au vert, le mineur. Et sa femme, par la même occasion. Hein? On ne va pas oublier sa femme. Il n'oublie jamais sa femme, le mineur. Hein? Tu ne peux pas dire que je t'aie jamais oubliée...

Il se dit tout ça, Camille, avec une jubilation folle, quand arrive ainsi juin, ou juillet, selon l'année, et qu'il va s'offrir ces dix jours, huit jours, quinze jours, à charge de revanche, chez son copain de Charleville, dans les Ardennes, le copain qu'il a fait en 39, ils ont fait toute la guerre ensemble, et puis ils ont été faits prisonniers, alors ça leur fait, forcément, toujours quelque chose de se retrouver. Et d'abord, des vacances, ça leur fait. Le Charlevillois, on dit Carolopolitain, mais jamais Camille ne s'embarquera dans des audaces pareilles, sinon pour le plaisir d'appeler son copain Polyte, comme il l'a quelquefois fait, surtout quand ils étaient jeunes... D'ailleurs, va chercher pourquoi ils s'appellent comme ça, pas loin de Napolitains... Je veux bien qu'il y a des Italiens, dans le coin, mais ça ne doit pas être pour ça... Le Charlevillois, donc, c'est l'hiver qu'il vient. Le bâtiment, charpentier, à son compte, c'est toujours là que ça l'arrange le mieux, les vacances de Noël, Flavien, avec sa femme, Alice, et leurs trois enfants. Et là-dedans tombent les fêtes, les réveillons, ils ne peuvent pas dire qu'ils ne sont pas bien reçus. Il est vrai qu'ils ne restent jamais plus de cinq six jours.

Camille, par contre, il ne se fait pas prier deux fois, pour peu que Charleville insiste... Parce qu'on dit et on pense aussi comme ça, Charleville, pour Flavien, Alice, les enfants, la petite maison neuve sur le début de montagne... Pour peu qu'on insiste, il reste ses deux semaines comme rien, sûr de ne pas gêner, seul avec Elise, puisque eux n'ont pas eu d'enfants.

Le mineur au vert... Il pense : *mineur*. Dans le temps, un mineur du Nord aurait pensé : *carbonnier*, en patois. Qu'est-ce qui a changé pour qu'il se flatte ainsi du français, jusqu'en lui-même ? Cela vient surtout de la période de l'après-guerre, où les mineurs ont été, disons, à l'honneur, pour le dire vite. Enfin, on s'intéressait à eux, dans toute la France, il était question d'eux, journaux, discours de ministres, tout ça en français, évidemment. On a pris le pli avec eux. Dire *mineur* fait promotion. Pour Camille, cela vient aussi d'être sorti ainsi du pays. Avant guerre, des carbonniers qui n'avaient jamais passé les limites du bassin, ce n'était pas rare. Dans les Ardennes, c'est à peu près le français qu'on parle, un français avec tout de même sa petite touquette d'accent, Nord et Belgique ne sont pas loin, mais Français. Et puis, question promotion, il y a ce fait d'être pensionné : se voir chez soi, dans ses pantoufles, ce serait trop dire qu'on se sent rentier, non, mais on arrive tout de même à une espèce de sécurité, de tranquillité, qui ne vous change pas de classe, hein ? on reste ce qu'on est, mais tout de même vous met un peu au-dessus de bien des choses, et on essaie plutôt de parler propre, quoi... Mineur.

Le mineur au vert, c'est dit, et pensé avec un sourire. Avec, au fond de ses yeux, Camille, et Elise l'y voit presque, l'image du lapin qu'on va mettre au vert à la bonne saison. Au lieu de le laisser dans sa cabane, sa paille pleine de *pissate* qui doit lui monter au cerveau, ni plus ni moins que de l'ammoniaque, on le prend par les oreilles et on le porte en pleine belle herbe du curoir, un dépliant de grillage par-dessus, il est là comme un roi.

Le vert évoque encore autre chose, pour Camille, vaguement, mais profondément : ce vert presque bleu qu'il avait vu, étant encore tout jeune homme, passant un jour dans Valenciennes, sur un tableau dans une vitrine, d'une librairie peut-être, où il y avait une « Exposition ». Il n'était pas question qu'il y entre, mais un coup d'œil n'engage à rien, du dehors. Le vert était celui d'un paysage, mais si dense, si intense, que Camille ne pouvait que le croire mensonger. Il lui plaisait bien, ce vert, trop; il lui donnait l'envie d'arbres, de champs, de pelouses, mais il n'arrivait pas à y croire tout à fait. Des verts profonds, dans le bassin minier... Des couleurs fausses sur les peintures ou les cartes postales, ce n'est pas ce qui manque. Si cette toile avait été de celles qu'on voit dans les magasins d'ameublement, ou dans les maisons, achetées dans les magasins d'ameublement, ou de celles qui s'offrent parfois dans des stands, sur les trottoirs, les marchés, les loteries des ducasses, elle ne lui aurait fait ni chaud ni froid. Barbouillages.

Mais là, une « Exposition », un véritable artiste, donc, sans doute... Une sorte d'autorité semblait peser sur lui, Camille, et pas désagréable à porter. Il paraissait d'ailleurs y tenir, le peintre : à travers la vitrine, dans le fond de la salle d'exposition, peu visibles, toutes les autres toiles avaient un air de pencher vers le même vert. Camille avait donc repris son chemin avec un doute. Ce vert impossible, ce vert trop beau pour être vrai, il existait peut-être quelque part; c'était peut-être lui qui avait tort, et ce vert raison. Lui qui plus tard non plus ne vit jamais expositions, musées, rien, une tache de ce vert devait subsister étrangement en lui. Jusqu'au jour où il vint pour la première fois chez Flavien, et découvrit pins et sapins sur les pentes...

Alors, là, quand il est là, parmi eux, il vit dans l'incroyable. Et il marche, il marche... C'est la mine qui lui a appris à marcher en sol incertain, dans le noir, de voie en *bowette*, mais il marche cent fois mieux sous le ciel. Elise s'est mise à l'école. Et elle avait des dispositions. Ils marchent, marchent... Quelquefois main dans la main. Et les sommets marchent avec eux, c'est bien connu, se chevauchant, se rattrapant, se dépassant, au pas souple des creux et des crêtes. Dans le fond, ils ne marchent peut-être tant que pour faire marcher les montagnes. Ils ont chacun leur canne ferrée, encore une chose dont on n'a pour ainsi dire pas idée dans le Nord. Toute l'année, croisées, elles décorent le « beau mur » de leur salle à manger, les pointes huilées.

*

Depuis qu'ils sont à Reims, Oscar et Gisèle étendent leurs excursions vers l'est. Et lui, depuis des années, rêvait des Dames de Meuse. Pour le nom, surtout, si près du Chemin des Dames. Un peu aussi pour l'image, une photo, en couleurs, dans un atlas, les pitons rocheux dressés comme des commères brunes, pénitentes à la queue leu leu, religieuses noires, fantômes de nonnes, sanglantes ou non, grandes sœurs inséparables, hautes reines franques aux noms de pierre et d'ombre, Brunehauts, Frédégondes, ou Ferdinandes, Isabelles, femmes juges des temps futurs, sévères... Un rien, il part, Oscar, vous le connaissez... la photo semblait prise de loin, comme de l'autre côté d'une vallée, d'une route, un « point de vue »... Les « Dames » se découpaient très nettes sur un ciel pur.

C'est Gisèle qui a dit :

– Allez ! On y va demain. Je prépare tout !

Les enfants ont été si joyeux que, ce samedi soir, il n'y a plus moyen de les tenir et ça fait comme toujours, ils ne se supportent plus eux-mêmes, s'entre-déchirent. Gisèle encore tient le coup, mais Oscar ouvre à bout de nerfs la porte de son bureau, où il faisait quoi ?... corriger des devoirs ?... ou simplement tirer son épingle du jeu, se mettre à l'abri, lire ?...

– Ah non ! Vous autres !

Il fait très chaud dans la cuisine à cause du poulet froid de demain. La cuisinière a un défaut. Elle ne s'est pas adaptée, elle, du Nord à Reims, du butane au gaz de ville. – Vous n'avez qu'à changer l'olive, et à modifier cette arrivée d'air-ci..., a dit comme un au revoir, avec un sourire, le plombier, italien, et il est parti, sans cacher, qu'il ne tenait pas à s'en occuper lui-même : à force d'ennuis, on lui en achèterait peut-être une neuve. L'olive à gaz de ville, une sorte de pointe, Gisèle a bien fait vingt magasins pour la dégotter; elle en trouvait pour toutes les marques, pas pour la sienne. Quant au réglage des prises d'air, flamme bleue, flamme jaune, flamme rouge, bien voir les différences, l'instant où c'est au point... Au point, une flamme... Toujours est-il que le four, d'abord, chauffe trop : si on ne laisse pas la porte entrouverte, on retrouve tout *crouni*... Ensuite, il sent le gaz, et on a toujours un peu peur que tout saute. La femme de ménage refuse énergiquement de s'en servir. Elle dit toujours que son mari va venir régler ça, mais il n'a jamais le temps. Instituteur, institutrice, vous n'avez pas la main aux choses... Depuis six mois, il est vrai, qu'elle monte là en première ligne, Gisèle, on commence à ne plus la craindre, l'explosion.

– Ah non! crie Oscar. Si c'est pour partir dans ces conditions, moi, je vous préviens, j'en ai plein le dos d'avance!

Un rien, donc, il part, Oscar, en rêve. Quant à démarrer vraiment, une fois décision prise, il faut que Gisèle le tienne à deux mains pour qu'il ne remette pas dix fois tout en question. A l'instant de s'éloigner, il se trouve soudain bien où il est. Il faut dire que les trois enfants sur le siège arrière de la 2 CV...

Enfin, on y arrive, tout de même, ce dimanche matin, là où Charleville encore grimpe et serpente, où on se sent, même assis en auto, comme debout sur des pédales et montant en danseuse... Puis on découvre la ville de haut. Puis on la perd de vue. L'Ardenne seule.

– Les Dames de Meuse, je ne sais pas... dit Oscar, profitant d'une ligne un peu droite, où les enfants ne peuvent plus jouer à glisser sur leur siège, dans les virages, pour écraser du poids des deux autres celui de droite, puis celui de gauche... Je ne sais même pas si le nom vient d'une ressemblance avec des femmes. Tu sais, quand on fait sauter un terrain à coups de mines, il reste debout des piliers de terre qu'on appelle aussi des dames.

Eh, vous entendez, vous autres!... Ça peut vous servir!... Il y a aussi, dans les remparts, des ouvrages en troncs de cône qu'on nomme des Dames, du mot hollandais qui veut dire digue, qu'on retrouve dans Amsterdam, Rotterdam...

Un petit fou rire est parti de derrière, où un des trois a dû enchaîner : – Amstramgram, pic et pic et...

– Mon vieux! dit Gisèle, moqueuse, mais protectrice, il y a longtemps que tu sais tout ça?

Oscar ne répond pas tout de suite, comme occupé à négocier un nouveau virage, puis, mauvais joueur :

– Bien sûr que non!

– Heureusement que tu avoues! Demain, j'aurais regardé tes sources, ton dictionnaire, dit-elle, assez bas pour que les enfants n'entendent guère, et elle étend son bras derrière lui, lui caressant la nuque comme il aime, du bout des doigts... La paix, la paix des montagnes.

Les Dames de Meuse, des panneaux en indiquent le chemin. Plutôt trop, qui semblent parfois se contredire. On cherche.

– Tu ne crois pas qu'on est déjà passé ici tout à l'heure? fait Gisèle, vers dix heures et demie.

– Je ne crois pas. Mais de toute façon, tout ce qu'on voit est bien, alors, continuons...

Midi. Toujours pas de Dames.

– Pourtant, ça devrait être par ici, d'après ce qu'ils disent.

Et voici la Meuse.

– On pourrait demander à quelqu'un, fait Gisèle.

– Penses-tu! On trouvera bien!

– Au moins, il faudrait chercher un coin au bord de l'eau pour manger.

– Tu tiens au bord de l'eau?

– C'est tout de même mieux.

– Faudrait un petit chemin pour la voiture.

Midi et demi. En voici un, près d'un restaurant et d'un grand pont blanc. Le paysage est grandiose.

– Tu ne crois pas que c'est un chemin privé, du restaurant ?

– On verra bien, dit Gisèle. D'ailleurs, il commence à être l'heure.

– Oh oui ! disent les enfants.

Le chemin conduit sous le grand pont blanc, où, si on crie, un écho vous répond de loin, de l'autre côté du fleuve. Mais il y fait froid, le sol est de scories et de débris de béton. Le grand pont blanc est tout neuf, à peine achevé. Pas un mètre d'herbe où s'asseoir.

– On pourrait manger dans la voiture, dit Oscar.

– Oh non ! Sous les ponts ! Si tu veux, reste là avec les enfants, je vais chercher un peu.

Cinq minutes, et elle revient, Gisèle :

– Il n'y a rien au bord de l'eau, mais j'ai trouvé mieux.

C'est un peu loin. Et tout à transporter, poulet, gâteaux, bouteilles, vaisselle, dans des essuie-mains noués. Oscar se fait tirer l'oreille, sans pourtant refuser... Quand enfin il se décide, il faut traverser une large plate-forme noire, scories et cailloux, qui s'achève en dépôt d'ordures, après lequel un petit sentier pareil à ceux des terrils zigzague entre des arbustes tristes. Oscar y ralentit, sur le point de changer d'avis, les enfants derrière lui. Heureusement, Gisèle l'appelle, d'un peu haut :

– Viens voir comme c'est bien ! Viens voir ce coup d'œil !

C'est vrai, il a suffi de monter quelques mètres pour découvrir toute la vallée. On va manger comme devant une fenêtre de milliardaire.

On mange.

Après manger, pourquoi repartir? On est bien là.

Les enfants s'éloignent, on les entend crier sous le pont. On regarde... On trouve une petite cachette pour deux... En vitesse. On dort un peu, au soleil...

*

Aujourd'hui, Flavien et les enfants ont accompagné Camille et Elise. Ils marchent bien, eux aussi, formés dans le pays. Mineur-Minette, comme ils disent, n'ont pas à ralentir pour eux. Les cannes à pointe ont travaillé de bon cœur.

Ce matin, ils avaient fait un petit tour en ville, Camille, Elise et les enfants, histoire de prendre l'air du dimanche, l'air des gens le dimanche. Autrement, la ville les attire bien moins que les hauteurs. La place Ducale, bon, ça vaut le coup d'œil, mais quand on l'a vue une fois... Une fois par an... La maison d'Arthur Rimbaud?

– Qui c'est ça? dit Elise. Ça te dit quelque chose?

– Arthur, encore, je ne dis pas!... fait finement Camille... mais Rimbaud! non.

– Ça doit être quelqu'un de par ici. Flavien doit bien savoir.

Mais l'après-midi, on marche. Pour aimer marcher, Camille, vous ne pouvez pas avoir idée... il aime. Il est heureux de marcher, le mot n'est pas trop fort. Les yeux sur tout... Et puis c'est manière de montrer qu'à son âge on est encore un homme, hein?

On a commencé par la Roche aux Sept Villages où, dans l'escalier qui y monte, on a croisé toute une caravane de Belges d'Anvers, ou même de Hollandais, venus en cars, tous gros et gras, femmes comme hommes, rouges encore du déjeuner, des « *Godverdom!* » plein la bouche, pour aider à la digestion, toute leur attention dans les pieds, car l'escalier est de roche, et glisse. Touristes. Etrangers. Camille, Flavien et l'aîné des garçons, quinze ans, se sont souri; ils commencent à être du pays, Camille et Elise.

De là, on se dirige, à travers bois, en passant par la source, vers le point de vue de la Roche aux Romains.

En approchant, il est dans les quatre heures de l'après-midi, on entend qu'il y a aussi du monde là-haut, des cris d'enfants, des « Attention! »...

On y trouve un petit jeune homme, avec une femme plus grande que lui, et déjà trois enfants, eux aussi, comme Flavien, l'air bien aimable, d'ailleurs à l'abord.

Là, Camille se sent vingt centimètres de plus qu'ailleurs, en hauteur, et dix en largeur d'épaules. On respire un grand coup, on admire... La petite Meuse, tout en bas à gauche, près d'elle une route blanche, une usine, dimensions jouet, des fumées à l'avenant. Partout ailleurs, les rochers géants.

– Là-bas, c'est les Quatre Fils Aymon! dit tout haut Camille.

– Ah? fait Oscar.

– Oui! oui! répond Camille. Vous voyez? Là-bas? C'est là qu'ils ont été changés en pierre. C'est la légende. C'est pas vrai, mais...

S'il se savait faire la leçon à un maître d'école, il arrêterait? Ou il continuerait de plus belle?

Oscar a bien entendu que Camille a l'accent du Nord, comme lui. La question lui vient aux lèvres... Il la retient. Il y a des gens, si on leur ouvre les vannes, ils ne vous lâchent plus. Et, quatre heures, il va bientôt être temps de remettre le cap sur Reims... S'il avait posé la question, ils sauraient qu'ils ont vécu une éternité, là-bas dans le Nord, à quatre kilomètres l'un de l'autre, sans se connaître évidemment.

– Mais, dit tout de même Oscar, les fameuses Dames de Meuse? On les voit, d'ici?

Regardez Flavien... Il est aux anges, Flavien, aux anges de laisser Camille répondre.

– Oh non! fait Camille, tendant le bras un peu vers la Meuse.

– Mais par où on y arrive? demande Oscar, avec un petit rire gêné vers Gisèle.

– Oh! Facile! dit Camille.

– Nous, on les cherche depuis ce matin, avoue Gisèle.

Il explique, Camille. Il montre la petite route au bord de la petite Meuse, dit :

– ... un grand pont blanc, un restaurant. Sur le restaurant, il est même marqué, en grand : « Aux Dames de Meuse. » On ne voit qu'elles, à main gauche...

– Ça alors! fait Oscar, un coup d'œil à Gisèle, pensant : on a mangé à leurs pieds, dormi au soleil, et même... Gisèle rougit. Sans les voir!...

– On en vient! s'écrie-t-il. On ne les a pas reconnues!

– Vous les avez déjà vues? Il y a longtemps?

– Non. En photo.

– Oh! Elles ont changé, rien que depuis dix ans. Le bois a poussé. Avant, on les remarquait tout de suite.

Oscar et Gisèle ne disent plus rien.

– Vous êtes à pied aussi? demande Camille.

– Non. En auto.

– Ah! En auto!... Si le cœur vous dit, vous n'en avez pas pour un quart d'heure.

– Bah! Il se fait l'heure, maintenant, dit Oscar... On a de la route. On reviendra bien.

– Ça, en auto!... refait Camille. Nous, on a été les revoir l'année passée, hein, Elise? En bateau-mouche. Mais il faut tout l'après-midi. A pied, c'est hors de portée. Ça comme beaucoup d'autres choses.

Elise descendait déjà le petit sentier à pic qui prend derrière le banc de ciment, il faut connaître, mais qui connaît arrive par là, en quelques pas, dans un sous-bois merveilleux.

– Eh bien, merci! dit Oscar. Comme ça, une autre fois, on trouvera tout de suite.

*

Oscar, de tout le temps de la descente, puis de la traversée de Charleville, n'a pas dit un mot. Justement, les enfants se taisaient aussi. S'ils pouvaient s'endormir pour la route...

Gisèle croyait qu'il lui en voulait de quelque chose. Dans Mézières, elle fait quand même le premier pas.

– Qu'est-ce que tu as?

– Oh, rien!

Elle renonce.

C'est lui qui reprend, une minute après :

– Je ne sais pas pourquoi, mais... Je me sens tout triste, tout d'un coup.

– Fatigué, peut-être?... L'altitude, ça creuse... Elle allonge son bras sur le dos de son siège, sans lui caresser la nuque, comme il aime.

– Oh non! Ce qu'il y a... Remarque, une 2 CV, c'est pourtant pas du luxe...

– C'est le moins qu'on puisse dire.

– Oui, mais tu l'as entendu, cet homme, comme il a dit : « Bien sûr, avec une auto... »

– Tu crois que...

– Non, mais regarde... Il aime tout ça cent fois mieux que nous. Il connaît mieux. Il le mérite mieux. Et il lui faudrait combien d'années pour faire ce que nous, on a fait en moins d'une journée.

– Mais nous, qu'est-ce qu'on y peut ?

– Je ne dis pas. Mais nous, nos bonnes femmes, là, on s'est assis dessus, sans même les voir.

– Pas seulement assis, n'en dis pas de mal comme ça ! dit-elle en souriant, et en lui caressant la nuque comme il aime.

*

– Eh ! Madame de Meuse ! Arrête une seconde ! crie Camille.

Elise, déjà loin, se retourne et regarde, au-dessus d'elle sur le sentier, Flavien, puis Camille, puis les enfants. Elle attend. Mais Camille s'assied sur une roche, et Flavien aussi l'attend, debout.

– Tu vois que t'es encore jeune ! crie Camille à Elise. Moi je n'ai plus de jambes.

Et plus doucement, à Flavien :

– Je ne sais pas ce que j'ai aujourd'hui au soir, mais c'est ce que je dis : je n'ai pas beaucoup de jambes... N'empêche ! Regarde-moi ce pays !

– Note bien, dit Flavien, au bout d'un instant, je le dis toujours : moi aussi, malgré tout, j'aime encore mieux à pied.

– Oh oui ! C'est bien mieux ! dit Camille.

– Tout voir au pas d'homme...

– Et on a l'air, tout le temps...

Camille a posé sa canne ferrée en travers de ses genoux, et comme, dans trois ou quatre jours, c'est le départ, il les voit déjà, les deux cannes, comme elles seront là-bas, croisées sur le mur, les pointes huilées.

Fatiguées tout d'un coup, elles aussi ?

LA RUINE

Il y a longtemps qu'il aime les ruines. A vrai dire, au début, c'était parce qu'il manquait d'argent. La petite entreprise de joints que lui avait laissée son père, sous le nom apaisant de « Calfeutra », à la sortie de Montreuil vers Paris, n'allait pas mal. Mais sa femme et lui, jeunes mariés, la trentaine, étaient plutôt tournés vers Paris que vers Montreuil, Paris des boutiques et des restaurants, des bijoutiers, des spectacles et des agences de voyages. Ils avaient d'ailleurs un bel appartement, vieux, mais de caractère, et fort bien meublé et décoré, sur les anciens boulevards extérieurs, près de la porte des Lilas. L'argent gagné avec les trente ouvriers et ouvrières de l'usine filait vite. Il se demandait déjà, par-ci, par-là, s'il n'avait pas marié une femme trop belle et trop riche pour lui. Jusqu'à ses quinze ans, dans la vieille maison familiale, près de ce qui n'était encore qu'un grand atelier, il espérait ne pas avoir à succéder à son père. Assez indécis, de peu d'ambition – d'ailleurs, ils étaient deux frères et une sœur, et ce qui serait Calfeutra n'avait encore que dix ouvriers –, il se voyait prudemment professeur, d'histoire par exemple, aimant assez lire, quand il pouvait le faire librement, sans souci d'études, hors programme. Mais en quelques années, le malheur s'était abattu sur la famille. Il n'avait jamais très bien su pourquoi ni comment son père, sur le tard, avait trouvé l'argent pour agrandir et moderniser son affaire. C'est en tout cas à ce qui paraissait le meilleur moment pour tous que le frère, dix-huit ans, s'était tué en moto sur une route de Camargue, route toute droite, où il n'y avait qu'une pierre, celle-là, marquant l'entrée d'un chemin, qui conduisait fort loin dans les terres et les eaux à un petit mas presque abandonné. La mère était morte, s'était laissée mourir deux ans plus tard, et le père n'avait tenu que trois ans après elle. Sa sœur, mariée entre-temps, et richement, lui avait offert un petit appartement bien à lui dans sa propriété des hauts du Trocadéro. Il venait de là chaque jour, moins diriger que se laisser diriger par les vieux cadres de la boîte, ceux qui avaient la confiance du père. Il était loin de voir clair, et au fond n'avait guère le goût de voir clair, dans tout ce qui était la marche de « son » entreprise, et particulièrement dans sa subite prospérité. On lui montrait des chiffres, meilleurs chaque année, il signait des contrats; les professeurs, d'histoire par exemple, lui semblaient désormais très loin et très bas dans la foule anonymes des utilisateurs de joints, doubles vitrages et stores en tout genre. Sa sœur lui présentait celle qui allait être sa femme, et qui était vaguement de sa nouvelle famille. Il se sentait tiré vers le haut, avec ce que cela peut avoir d'agréable et de désagréable à la fois, surtout pour quelqu'un comme lui, qui n'aime pas prendre la direction des opérations mais qui aimerait bien qu'elle lui revienne sans effort. Seul, le « château » de briques, laissé vide, s'abîmait tellement et si vite que, vers ses vingt-cinq ans, on avait trouvé plus avantageux de le raser pour construire, à sa place et celle du petit parc qu'il aimait tellement vers ses dix ans, un grand dépôt et des bureaux. Derrière l'appartement des Lilas, il y avait bien quelques arbres. Pas assez pour empêcher de naître et grandir, en lui surtout, plus lentement chez sa femme, l'envie de « quelque chose » à la campagne. Les ruines devenaient à la mode. Il en avait visité cent. Non, pas cent, dix ou quinze, mais l'impression était de cent, car ces visites, loin parfois autour de Paris, lui révélaient soudain combien il en avait été comme prisonnier jusque-là. Il voyait le soleil, des arbres, il prenait des coups de vent, il respirait les plaines, il s'étonnait de voir les vignes dorées comme le raisin et comme le vin. Et il trouvait à Romains, peu avant Reims, ces huit murs, déjà couverts de lierre qu'il faudrait respecter, avec, par les trous d'anciennes fenêtres ou portes, une belle vue sur la vallée de la Vesle. De nulle part les vues ne sont plus claires que des ruines. La restauration n'avait peut-être pas coûté moins cher qu'une construction neuve mais, étendue sur plusieurs années, elle avait paru légère à porter. Et surtout, la « demeure », née ainsi d'une ancienne grange et d'un morceau de presbytère ne manquait pas d'allure. On avait même veillé à laisser en l'état, du côté de la vallée, un bout de mur ruiné, où une sorte d'œil-de-bœuf rendait sa virginité, comme dans les peintures gothiques, au coup d'œil lointain sur des bosquets, des routes, des ruisseaux. Il y allait, en moins de deux heures, le plus souvent possible, retrouvant là un peu du frisson du parc de ses dix ans, inquiétude et sécurité le plus naturellement mêlées. Ce nom aussi du village, Romains, le tirait très loin en arrière et là, il aimait à nouveau lire, sans exigence ni recherche, des histoires d'autrefois.

Cette ruine devait lui porter chance, symbole de sa fortune prochaine et des bonheurs à venir. Symbole plus que moyen. Sans doute elle-même était une bonne affaire. Tout Paris allant chercher de plus en plus loin ses « résidences secondaires », grandes ou petites, ce qui s'obtenait d'abord pour une bouchée de pain à cent vingt kilomètres valait bientôt dix fois son prix. Il avait beau n'avoir aucune envie de vendre, c'est toujours agréable à savoir. Mais voici que la première année où il a pu habiter Romains, les derniers mois, quelques week-ends, les plus émouvants, quelque chose a bougé du côté de la nouvelle famille de sa sœur. Là non plus, il n'a pas compris la moitié, et a peu fait pour comprendre plus, de ce que cela signifiait vraiment ou cachait. Il n'ignorait plus depuis longtemps que, dès avant le mariage, on avait de ce côté des intérêts dans Calfeutra. Origine, au moins en partie, des investissements du père. Tombe alors une proposition de rachat pur et simple de l'entreprise. Les conditions lui sont si favorables que même plus voué que lui au capitanat d'industrie les accepterait. Sa femme l'y encourage vivement. Il pense tranquillement : – Bien sûr... mais tout ça l'arrange si bien qu'ils se retrouvent sans usine et couverts d'argent. Sans travail, et d'autant plus riches. D'autres auront moins de chance, les trente ouvriers, quand Calfeutra fermera ses portes, et sera même, quelques années plus tard, rasée à son tour, pour laisser place à un ensemble immobilier. Il verra tout ça de loin, avec plus d'interrogations que de regrets, car entre-temps, il aura, brusquement, trouvé sa voie.

La Bourse est devenue son royaume. Et c'est là que son expérience des ruines a fait merveille. Personne comme lui pour flairer et monter les « coups » qu'il y a à faire du côté des entreprises plus ou moins en difficulté. Sa cote à lui a monté d'une façon incroyable et ont commencé ses vacances perpétuelles.

Où il s'est rendu compte bientôt que, les ruines, il les aimait vraiment. Amour spontané ou amour reconnaissant, difficile à dire. Il a beaucoup voyagé, avec sa femme ou seul, et c'est elles qui l'attiraient plus que tout. Dans un pemier temps, en France, c'était simplement comme s'il voulait rééditer la petite réussite de Romains. Entre rêve et réalité, il découvrait partout débris à relever, chicots à couronner d'argent où d'or, vestiges à investir ou travestir, et toujours avec des ouvertures sans pareilles sur des mers ou des forêts, des montagnes ou des lacs. Les maisons d'autrefois savaient se placer, et avaient la place. Le calculateur qu'il était devenu faisait certes, tout au fond de lui, quelques petites additions et soustractions joyeuses, toujours bénéficiaires, mais c'était loin d'être l'essentiel. Il ne pouvait évidemment vivre partout, même s'il était en état d'acheter beaucoup, mais il se voyait si facilement, en imagination, vivre ici ou là comme à Romains, et encore ici ou là...

Et puis surtout, au cours de voyages à l'étranger, parfois à l'autre bout du monde, il s'est vu aimer les ruines pour elles-mêmes, libéré, purifié du petit souci d'habiter. Les aimer pour ce qu'elles veulent nous dire du passé. Les aimer aussi, curieusement, pour leur architecture. Leur architecture propre. Pas celle qui les ordonnait quand elles étaient tout entières et bien droit debout. Mais ce désordre touchant des pignons soulagés de leurs toits, de groupes de maisons ou de villages entiers creusés par le temps et grands ouverts sur tous les ciels possibles. Pour cela, il aura parcouru l'Espagne dans tous les sens. Un véritable musée de ruines, et leurs murs de la même ocre que le sol, comme si elles en sortaient, vivantes ou fantômes, en ce pays surréaliste où les montagnes aussi sont de terre.

Ainsi est venu, vers ses cinquante ans, le moment où sa femme, restée souvent sans lui à Paris, et y ayant beaucoup d'amis, a trouvé décidément trop petit les Lilas et trop loin Romains. Le projet a été de construire près de Paris – et ce fut sur une belle colline de Fontainebleau – une grande maison vraiment digne d'eux. A sa femme, pour l'intérieur, il a tout accordé. Ce qui pouvait se concevoir de plus moderne, fonctionnel, luxueux, elle a peu se l'offrir sans marchander. Et ses amis seraient chez eux, chambres et salles de bain à revendre. Mais pour la forme extérieure, il avait eu tout de suite sa petite idée. On en voit bien d'autres quand beaucoup d'argent se montre ainsi sur les hauteurs. Lui, au moins, et au contraire, c'était une idée modeste : cacher toute cette richesse de la maison neuve comme sous un manteau de ruines. Une carapace de ruines. Une gangue de ruines. Plus rien ne se voyait des vrais murs, des vrais toits. Des vraies ouvertures, d'autres, dans les ruines, permettaient à la lumière d'arriver aux premières, le soleil entrant surtout par un vaste toit-terrasse en pavés de verre. A cause de tant de trous souvent tournés vers le ciel, cela prenait un peu l'aspect de ces colonies de balanes qu'on voit sur certains coquillages. On ne croyait même plus à une maison habitée, et c'est ce qui rendait le tout beaucoup moins laid qu'on pourrait croire. En faisant ses croquis pour les architectes, il avait dans l'œil tel *pueblo* désert qui vous surprend sur la gauche entre Madrid et Lérida, et où il était allé un soir marcher seul.

Sa femme et lui, pour des raisons opposées, ont tant aimé cette maison qu'ils ont vendu l'appartement des Lilas et n'ont plus mis les pieds au presbytère de Romains, sans le vendre. Ils ont de moins en moins voyagé. Il a dû se faire et s'est fait à une vie assez folle, sans silences ni vrai repos. Tout ce que Paris compte d'oisifs, jouisseurs, pique-assiettes – écrivains et artistes compris, je puis en témoigner – était toujours sûr de trouver là table prête, matin, midi ou soir, et fêtes après boire. Lui, quand il ne supportait pas tout, ce qui était assez rare, il sortait, par le rez-de-chaussée ou par les terrasses, et allait s'asseoir un moment sur un muret branlant, puis il rentrait, tranquille. Cela a duré dix ans et il était bien convaincu que c'était le plus beau morceau de sa vie.

La difficulté était parfois de reculer les limites. Caviar et vodka, foie gras et champagne arrivent eux-mêmes à lasser, si on n'y prend garde. Les idées nouvelles allaient du retour au fondamental, exemple le pot-au-feu, amélioré, jusqu'aux explorations les plus audacieuses, exemple le rôti de singe, façon nouveau-né. Lui, modestement encore, avait regretté toute sa vie de ne pas avoir une seule fois – il aurait pu se l'offrir cent – goûté aux ortolans. Ses amis le savaient, il en avait parlé à l'un et à l'autre. Et quelques-uns, un soir, s'étaient arrangés pour le sortir enfin de cette frustration. Suprême raffinement! Les ortolans, qui sont comme chacun sait de petits oiseaux, ont chair si délicate que chacun des convives, pour ne rien perdre de la saveur ni du parfum, se couvre la tête d'une serviette. Ils étaient ainsi douze ou quatorze, ce soir-là, avec leur air de pénitents, peu de paroles mais quelques rires, à suçoter leurs petits os, sous les deux lustres formidables de la salle à manger, quand une panne d'électricité bloqua tout le monde dans le dernier geste. Ce n'était rien. Le personnel sait où sont les bougies, et sait encore les allumer. Mais lui avait eu le temps, en un éclair, de voir sa maison coiffée de ses ruines à l'image d'eux, tous le chef enseveli sous les serviettes, l'idée des bougies bientôt allumées les renvoyant, dernier cri ou pas, dans une sorte de Moyen Age.

L'électricité est d'ailleurs revenue avant même qu'on les allume, les bougies. Et on a constaté qu'il avait disparu. Rien de grave, là non plus. On l'a retrouvé assis, souriant, sur un de ses murets.

Il sourit toujours, du même sourire. Il vit. Il mange, il boit, modérément, juste ce qu'il faut. Il est inoffensif. Le seul ennui c'est que, parfois, on pourrait croire qu'il se moque.

L'ÉCORCHÉE-DOUCE

BELLE journée, calme. Même la petite poussière de cendre sur la décharge, qu'en patois on appelle « *les chaînes* », a pris dès le matin, entre soleil ras et rosée, un léger éclat argenté qui la promettait, la belle journée, calme. Elle est venue. Elle est toujours là, qui avance. Et depuis qu'elle est levée, Agnès se sent heureuse et bonne.

Elle-même est toute clarté, elle s'entend bien avec les journées claires. Agnès, c'est le bonheur, aux yeux de tout le monde. Elle a eu toutes les chances. Elle a trouvé un bon homme, un ouvrier, mais qui travaille. Ils ont eu droit, tout de suite, à une maison neuve dans la cité. Et trois ans après, alors qu'il y a des gens qui ont tant de mal à se loger, elle se payait le luxe de renoncer à cette maison de la cité pour venir profiter de celle, plus grande et bien mieux placée, tout l'étang sous les yeux, que ses parents lui laissaient. Eux, la retraite venue – son père, contremaître en bonneterie, l'avait retardée le plus possible, moins pour l'argent, la sécurité, que par dévouement, oui, dévouement à la bonneterie, à M. Ferrand, malgré les malheurs qu'il a eus, cet homme, et peut-être à cause de ces malheurs –, s'étaient retirés dans la petite maison voisine, l'ancienne maison de leurs parents à eux, louée depuis leur mort, il y a déjà longtemps. Ça « *rallongeait* » un peu Léonce, qui dans la cité était vraiment à la porte de l'usine, mais il n'y avait « *quand même pas une trotte* » et avec un vélomoteur... Autre grand avantage, pour Agnès, elle était près de sa mère. Comme sa mère avait eu l'avantage de vivre près de la sienne, dans ces mêmes maisons. Les femmes, ça aime protection. Surtout les jeunes, et surtout celles qui ne travaillent pas. Il y en a, mariées, des enfants, qui se font encore dorloter, « *à coucour maman* », jusqu'à des trente et trente-cinq ans.

Toutes les chances, elle aussi se le dit souvent. Même celle de ne pas avoir d'enfant. Léonce l'écoute. Lui en aurait voulu un. Qu'il dit. Quelquefois, il ajoute : – On ne sait même pas si on est capables d'en avoir, tu me fais retirer tout le temps, et peut-être qu'on n'en a même pas besoin... – Il suffit d'un coup, dit-elle... – Même, on aurait un petit garçon, ou une petite fille, on n'en serait pas morts. Après, on referait attention... Elle ne se décide pas encore. Ça ne fait jamais que six ans qu'ils sont mariés, il n'y a pas le feu. Et un enfant, c'est quelque chose. D'abord, le porter, s'en voir envahie, s'en sentir craquer, non? au fur et à mesure qu'il pousse, prend toute sa place. Et puis l'élever, savoir l'élever, l'habiller, le nourrir, plusieurs fois par jour, biberons, couches, et formalités, pèse-bébé, vaccinations... Elle a un petit peu peur de ne pas s'en sortir. Peut-être qu'elle a eu tort de ne pas en avoir un plus tôt. Toute jeune, on hésite moins devant tout ça, sans savoir, on se lance... Ou bien, quand on l'a par accident, il faut bien se débrouiller avec. C'est ce qui doit arriver neuf fois sur dix. Elle aurait peut-être dû laisser une petite chance à l'accident. Une petite de toutes les chances qu'elle a. Elle se le dit quelquefois, mais sans grande conviction encore. Heureusement, il l'écoute, oui, Léonce. Il n'essaie jamais de tricher, rester par surprise, ou en profitant de sa faiblesse. Une fois qu'il a demandé, avant : – Je peux, aujourd'hui?... et qu'elle a répondu : – Non, Léonce, non... il fait ce qu'il faut. Quelquefois, à la dernière seconde, il demande encore, malgré tout : – Non?... Non?... mais si elle dit : – Non... ou seulement fait non de la tête sur l'oreiller, ou même seulement ne répond rien du tout, il s'arrache... Parce qu'il est loyal avec elle? Qu'il ne veut pas lui faire un enfant tout seul, comme il lui arrive de dire? Parce qu'il a peur qu'elle lui en veuille, après, et quand le mal se met dans un ménage?... Ou bien simplement parce qu'il devine qu'elle le surveille, malgré tout, du fond de tout, et que si jamais il avait l'air de vouloir rester, quand elle sent que ça vient vraiment, un petit coup de son petit cul sur le côté, et c'est elle qui se protégerait toute seule... C'est lui qui dit son petit cul, qu'est-ce que vous voulez, dans les lits et dans le noir, tout bas, on en dit, des choses, qu'on n'oserait pas autrement. Et entre mari et femme, c'est bien le moins, non? Elle y repense, là, en souriant seule, son « petit cul » bien calé sur le coussin de cretonne bleue, à volants, dans ce fauteuil de rotin où elle se sent toujours bien. Il fait d'autant meilleur dans la cuisine qu'il doit faire bien froid dehors, malgré le soleil.

Dans une heure, une heure moins cinq maintenant, il sera là, Léonce. C'est comme s'il était déjà là. Il sentira les petits pois. Elle sait que ça lui fait toujours plaisir, les petits pois, n'importe quoi avec. En arrivant, il va soulever le « *couvieppe* » de la cocotte, en prendre plein son grand nez de l'odeur et sortir son long : – Hmmmm!... Il l'embrassera, peut-être laissera sa main descendre vers, son « petit cul », et elle dira : – Allez! Allez! A table! grand sot!... en lui montrant qu'elle n'est pas moins excitée que lui, mais...

Ça l'amuse, de penser à ça. Elle se sent jeune, plus d'atouts devant elle que d'ennuis possibles. Et surtout, une grande sécurité. C'est important, la sécurité.

Au point que même « le Co », quand elle est tout d'un coup surprise de le voir pénétrer dans le champ de sa fenêtre, elle le regarde avec moins d'hostilité et de dégoût que d'habitude. Mais qu'est-ce qu'il fait là ?

Il est entré sur un petit terrain à elle, en cul-de-sac, qui ne donne passage sur rien. Qu'est-ce qu'il vient faire par là ? Un terrain bon à rien, toujours inondé aux hautes eaux, tout en trous et en bosses, parce qu'on va y jeter ses propres « *chaînes* », ses cendres, plutôt que d'aller au dépôt de tout le monde, et les saletés des jardins, les fanes, les trognons, tout. C'est aussi un moyen de repousser les roseaux, qui montent d'année en année vers les maisons. A moins que ce soit les maisons qui descendent. Les affaissements.

Le Co, le Coq, c'est un déchet, maintenant. Il y a des gens qui disent qu'il l'a toujours été. Question de point de vue. Mais maintenant, à tous les points de vue, oui. Il attend de mourir. Il se prolonge, le plus possible, et on se demande bien pourquoi. Quel plaisir il peut encore avoir dans la vie, après en avoir pris tant peut-être, si ce qu'on dit est vrai. Enfin, plaisirs... Vices, débauche, perversités... Mais si on dit de quelqu'un qu'il a « *fait les siennes* », c'est bien de lui. Si quelqu'un a fait « *le Diaul* », disaient les vieilles, « *le Dial* », disait la génération d'avant Agnès, « *le Diantre* », disait sa mère à elle, qui a toujours eu le parler poli, le Diable quoi, c'était bien lui. Et même le « *doubel* » Diable ! Il n'y a qu'une chose qu'on n'a jamais pu lui reprocher : il ne buvait pas. Personne ne peut dire l'avoir vu dans les brindes. Fainéant, fraudeur, braco, peut-être petit voleur dans les plus mauvais moments, mangeur de chats et de limaces, et surtout coureur, toujours à chercher occasion, mais buveur, non. C'est pour ça qu'il avait beau être sale, jamais lavé, rasé une fois par mois, les cheveux longs soulevant, de travers, une casquette!... on aurait fait du café avec, il gardait un air de santé, les pommettes rouges, toujours à rire, et il se trouvait toujours des femmes pour y passer. On dit même qu'il en a eu beaucoup qu'on ne croirait pas. Ni vu ni connu, dans « *les bas* », les roseaux justement, les blés et les « *soils* » à l'été. Et pas seulement de la basse classe, à son niveau... Il avait comme un flair pour ça, avec son gros nez luisant toujours à chercher, à prendre le vent... Une femme qui battait de l'aile quelque part dans le village, qui commençait à ne plus sentir son homme, ou qui voyait passer le temps sans avoir eu vraiment le goût de la vie, et pourtant on sait qu'elle a du goût, quelque part, on le manque par paresse, par peur de tout, et on se dit que demain va être trop tard... le Coq, alors, on aurait dit qu'elle l'attirait de loin, avant que personne d'autre ne se doute encore de rien. Tout en silence, comme une chienne les chiens au moment qu'il faut. A travers tout le village, il s'en venait rôder, commencer sa quête dans le coin. A se demander quelquefois longtemps, quelquefois toujours, pour qui? Et puis, un jour, on le voyait rasé, lavé, les cheveux brossés, il n'y avait que ses habits et sa casquette qui restaient « *craqués* », « *brousés* », plus rigolard que jamais, plus content que jamais de dire bonjour à tout le monde par son petit nom et de s'arrêter pour parler... C'était un signe. Il avait réussi. Le chant du Co. Les chiens aussi y arrivent toujours, à trouver un trou, dans un grillage, une haie, sous une tôle qui bouge, ou bien c'est la chienne qui sort, essayez de la retenir... Il vivait avec sa vieille mère qui, elle, buvait. On disait même que, quand elle avait bu, elle et lui... Agnès ne l'a presque pas connue, mais il suffisait de lui payer un petit canon de blanc dans un cabaret pour la faire danser malgré ses cheveux blancs, en soulevant ses coterons bleus, ou dire des histoires ou des chansons du temps des moulins à vent. Agnès en entend encore une, l'air, et quelques paroles qu'elle n'oserait jamais répéter à personne, mais qu'elle a retenues, petite fille, sans les comprendre :

Il l'a eue :
Il l'ara core!
Bitte Marchant!
Bitte Marchant!

C'est d'elle qu'il tenait, le Co, il paraît. Et forcément : il n'avait pas de père. Quand on dit pour rire que nos grand-mères ont fricoté avec les Espagnols, on sait bien que ça remonte beaucoup plus haut que ça, les Espagnols, bien avant elle, mais c'est quand même à des femmes comme elle qu'on pense, Estelle, et c'est mieux d'être vu de plus loin, ça ne fait plus sale, on dit kermesse héroïque. Tout le monde l'aimait bien dans le village, Estelle, l'aimait bien avec une petite révulsion, une petite pitié au vinaigre. On dirait que les gens ont besoin de voir à leur portée plus dégoûtant qu'eux pour se sentir propres. Ça n'empêche pas les langues de marcher, au contraire. Ainsi, après la mort de sa mère, le Co a pris chez lui le garçon de Flora et Robert Grignon, qui ont été tués pendant l'évacuation, ce n'était pas un bien beau cadeau à faire à l'enfant, vu les quatre murs honteux où il vit, mais c'était quand même mieux que l'Assistance... Alors, on a commencé par dire que c'était lui le vrai père de l'orphelin. Et puis, le gamin grandissant et le Coq vieillissant, on a dit qu'ils devaient faire des cochoncetés ensemble. Le gamin tournait déjà mal, ne travaillait pas non plus, marchait sur les traces, quoi... Bon garçon, lui aussi, pour le reste, mais enfin... Il est vrai qu'il s'en passe des choses, dans les maisons, qu'on ne sait jamais... Mais surtout, dire, qu'est-ce qu'on ne dit pas? C'est facile, de dire.

Propre, Agnès se sent propre. Elle l'est. Elle a les moyens de l'être. Grâce à Léonce, elle ne manque pas trop d'argent. Elle est toujours habillée frais, même dans sa maison, même toute seule dans sa maison, comme ce matin. Et quand on dit « *excitée* », parce que Léonce la prend dans ses bras, il ne faut pas en faire un monde; elle est fille tranquille, Agnès, pas plus sage que la nature, mais sage. Ce n'est jamais elle qui taquine Léonce; au contraire, elle le retient plutôt. Sa mère l'a bien élevée. Pas tellement à l'église, mais tout de même, ce qu'il faut... Propre, quoi. Aussi, ce matin, comme chaque fois qu'elle le rencontre, la seule vue du Coq la « *retourne* », la hérisse, à deux doigts de la nausée. Ce matin seulement un peu moins, parce qu'elle est vraiment dans un de ses bons jours, détendue, indulgente à tout, paisible on ne peut plus.

C'est que le Coq, vraiment, maintenant, il n'est pas beau à voir. D'avoir été sobre l'a prolongé peut-être plus longtemps qu'il n'aurait dû. On dirait qu'il vit un supplément, un au-delà de la limite, l'intérêt retardé d'un capital perdu. Qu'est-ce qui reste du Co flamboyant d'avant? Il ne sait presque plus parler. Au lieu de dire bonjour, il vous regarde longuement. D'un œil de plus en plus faible. Il a perdu l'autre, même pas crevé, perdu petit à petit, de vieillesse, fermé, séché, opaque. On se demande comment il tient encore debout, comment il sait encore marcher. Et pourtant, il marche, on n'arrête pas de le voir marcher. Et plus pour rien, se promener, chercher fortune, comme autrefois, mais pour toujours quelque chose de précis. Un besoin. Surtout l'hiver. Le gamin Grignon a bien dû commencer à travailler... Le gamin qui d'ailleurs a presque l'âge d'Agnès... Mais ce n'est pas lui qui fera valser les femmes. On dirait qu'il en a peur. C'est un triste. Et les femmes d'aujourd'hui, une pauvreté pareille, ça a l'air de leur faire plus d'effet qu'avant. Celles qui font un écart, c'est plutôt avec un plus riche. Même pour ça, c'est la prétention qui mène tout, de nos jours. Enfin, il s'est mis à travailler, il assiste un plombier, mais il ne doit pas gagner lourd. Alors, l'hiver, et un peu avant, le vieux Co, en plein pays de charbon, il va chercher du bois. Il met une demi-journée pour ramener chez lui un tronc de dix centimètres de diamètre, quelquefois quinze, trois ou quatre mètres de long, sur son épaule. Il encombre avec ça sentiers et chemins de terre, parce qu'à moitié aveugle comme il est, quand il entend un bruit, il se tourne, pour voir, il fait tout un tour, et son arbre avec lui. On dirait qu'il tient debout plus par le poids du fardeau que par ses propres forces, collé au sol. Il soulève un pied après l'autre, un pied après avoir bien reposé l'autre, cherche à chaque fois son équilibre. Il lui faut une heure pour faire cent mètres. Quelquefois, son arbre n'est pas dans le sens du chemin où il marche, mais en travers, plus ou moins, il n'a plus, lui, les sens qu'il faut pour s'en rendre compte. Si c'est sur le pavé, les autos klaxonnent, quand ce n'est pas le tramway. Avec ça, il se sent toujours en faute. On pense bien que, ce bois, il l'a rarement coupé lui-même. Et coupé où? Il a dû en faire bien d'autres, dans sa vie, sans trop s'inquiéter la conscience, mais en vieillissant, en s'affaiblissant, il est devenu timide, peureux. Il attend comme un châtiment d'une minute à l'autre. Il essaie de vous voir, voir si c'est de vous que ce châtiment va venir. Il a une morve qui lui coule jusqu'à la bouche, comme un enfant. Il dégoûte.

Quand un homme dégoûte à ce point une jeune femme comme Agnès, cela peut venir de loin. Elle ne s'interroge pas là-dessus. Elle s'écarte, quand elle le rencontre. Elle sort de son chemin, quand elle le voit approcher. C'est facile, au train où il va... Ou même, elle se tient seulement immobile, à deux ou trois mètres de lui, en attendant qu'il soit passé. Il ne voit plus assez pour la deviner. Ce qui arrive, c'est qu'il sente, encore, que quelqu'un est là. Une ombre, une odeur, un petit bruit? Il s'arrête, regarde le mieux qu'il peut autour de lui, faisant tourner son arbre, demande : – Qui est là?... redemande plus fort, déjà inquiet : – Qui est là?... Agnès se tait. Elle le voit ne rien comprendre à ce qui se passe, à ce qu'on lui veut, peut-être. Il se décide à se remettre en route, un peu plus vite, toutes les peurs du monde dans son dos. Pourtant, quand elle était petite, elle n'a jamais redouté le Co. On pouvait le rencontrer n'importe où, garçons ou filles, seuls ou en groupe, même dans les vernes, les roseaux où les petits acacias du terril, rôdant, comme un tigre inoffensif dans sa savane, on le connaissait bien, tous et toutes disaient qu'il ne ferait de mal à personne. Sa mère, Agnès, et peut-être d'autres mères dans les maisons, prétendait bien le contraire, que c'était un « *riennevaut* », qu'il n'y avait pas de « *fiatte* » à avoir à lui, on n'arrivait pas y à croire. Un petit frisson, bien sûr. Autrement, les enfants, qu'est-ce qu'on rôdait, comme lui, et comme les tigres, dans les queues-de-rat et les taillis, dans tout ce qui était un peu plus haut que nos têtes, où on se sentait à tout moment à deux doigts d'un secret, dans un secret, où on était soi-même un secret, caché, perdu... Maintenant, c'est peut-être seulement de le voir si sale et estropié, le Coq, qui donne ce haut-le-cœur à Agnès. Et c'est par là que lui revient ce mot de sa mère : pas de « *fiatte* » à lui. Parce qu'une « *fiatte* », pour l'enfant, parlait aussi d'autre chose que de confiance ou méfiance. C'était aussi le mot pour dire la bouse de vache, la flaque verte et brune tombée de haut dans l'herbe, « *flatte* » ou « *fiatte* », les mouches dessus, l'odeur. Et là, à l'instant, quand elle le voit patauger, le Co, dans les tas de cendres et les trous mous, c'est dans cette verdure aussi des fiattes anciennes qu'il patauge, tout au fond d'elle. Les mots, les mères... Les mères vous les déposent, les mots, comme des graines en pleine chair, en pleine chair qui grandit, avant qu'on sache ce qu'ils veulent dire, si la graine donnera un radis rose ou une ortie noire, un peu de terre la recouvre tout de suite, ce n'est pas longtemps après, et quelquefois les mères mortes... Agnès a toujours la sienne, heureusement. Craignait-elle le Co plus que d'autres mères, la mère d'Agnès ? Elle ne craignait pas plus le Co, il se peut, qu'autre chose. Elle craignait tout, pour sa fille. Elle la protégeait de tout. Agnès n'allait ainsi jouer qu'en fraude. Une mère couveuse. Les jupes maman. « *L'écour maman* » encore un mot, « *à coucour maman* ». Encore un mot qui remue des profondeurs. Le mot le plus doux, comme peut-être « sur les genoux » ou « dans le giron » pour ceux à qui on a parlé français dans leur berceau. Un mot qui dit à la fois ventre, nid, sommeil en rond, caresse enveloppante, le premier des bonheurs, un mot douillet... Et puis l'âge vient où l'étrange « *écour* » pose question à l'enfant et la grand-mère peut-être, qui dit encore « *écour-*

cheu », va la mettre sur la voie, remontant le temps, remontant jusqu'au temps où les tabliers des mères collaient encore comme une peau aux bêtes qui les donnaient, tabliers de cuir, faits d'une écorche entière d'agneau ou de chèvre, arrachée vive comme d'un arbre, et le mot le plus doux devient en même temps le mot le plus cruel, le plus sanglant, mot d'abattoirs et de marchés bêlants. Agnès revenue là, habiter tout près de sa mère, sent tout cela bouger en elle, cette douceur et ces tueries lointaines, pendant qu'elle regarde, en souriant, le Co s'empêtrer et se dépêtrer, sur son terrain à elle, dans le coton blanc des clématites de décembre et les branches mortes...

Pas sorcier, en effet, le Co, ce qu'il vient chercher là. Tout au bord de l'eau, il y a un peuplier de quinze, vingt ans, jamais soigné, ébranché; du pied partaient deux forts rejets, presque des arbres eux aussi, que Léonce s'est mis dans l'idée d'abattre la semaine dernière, afin d'embellir l'arbre et la vue. Pour elle, Agnès. Il n'a jamais fini d'en abattre pour elle, Léonce, à l'usine, chez lui, partout... Ce bois abattu est resté sur le terrain; qu'est-ce qu'on en ferait? On en use si peu, par ici. Mais le Co, quelqu'un a dû lui porter l'information. Il tente par ici son expédition du jour : un demi-jour pour aller chercher le bois dont il chauffera l'autre demi-jour.

Mais qu'est-ce qui se passe? Sans cesser de sourire, Agnès regarde mieux le Co. Qu'est-ce qu'il fait là? Il ne trouve pas ses branches? Il va à droite, à gauche, droit sur l'eau, revient sur ses pas. Il bute sur une bosse, la tâte du pied, la gravit, redescend dans un creux. Il tend les mains pour se protéger, devant lui, sur les côtés. Elle lui voit les bras levés, les doigts tremblants comme Frankenstein, un petit Frankenstein sans vrai danger, King Kong des tas d'ordures. Serait-il devenu tout à fait aveugle ? Non, il cherche la lumière. Les ombres, plutôt, des maisons, des arbres. Il aurait perdu l'ordre de tout ce qu'il connaît si bien, l'orientation ? Il ne sait plus de quel côté est l'étang ? Il ne sait plus de quel côté est l'étang, c'est ça ! Il a peur de l'étang. Il a peur d'aller tomber dans l'étang. Quand Agnès le comprend, sans cesser de sourire, au contraire en s'en amusant doucement, elle pense : – Bien fait pour lui !... Elle ne se sent pas une miette de méchanceté. Elle ne se sent pas le moins du monde différente des autres. Qui agirait autrement ? Il n'a qu'à se défaire de là tout seul. Il s'y est mis, qu'il se démette, comique, puni, pour tout ce... De quoi, c'est vrai, prend-elle sa revanche, Agnès, sur le vieil homme désemparé ? De ce qu'il a voulu lui voler son bois inutile ? Certainement pas. Marché sur un bout de terre à elle ? Guère plus.

Il ne risque d'ailleurs pas grand-chose, le Co. L'eau, au bord, n'est pas profonde. Tout au plus s'enfoncerait-il jusqu'aux genoux dans la boue. Et surtout, quelqu'un va bien le voir, un enfant, aller le chercher par la main... Agnès, non, ne voudrait pas toucher sa main, rêche, aux grands ongles noirs. L'appeler ? Même ça, sortir devant la porte et l'appeler, l'écœurerait. Comme si c'était aussi un contact avec lui. Il va bien se retrouver, qu'il se débrouille... C'est alors seulement qu'elle s'aperçoit que son cœur bat. Parce qu'elle a pensé que, risque ou pas, le Co, lui, y croyait, craignait... Faible, usé comme il est, un rien, et c'est la mort. Elle, ne peut pas faire autrement qu'en sourire, mais pour lui, c'est de la mort, c'est de sa mort qu'il s'agit, d'une seconde à l'autre. C'est de cette exagération aussi qu'elle sourit. Mais son cœur à lui, comme il doit battre... On dirait qu'elle l'entend d'ici, cherchant à sa façon l'issue, ébranlant les points cardinaux, tête contre les murs du paysage d'hiver, d'hiver déjà. C'est ce cœur emballé qui vient de mettre le sien en route, Agnès, son petit cœur de fille à l'écour maman? Quoi de commun pourtant entre son jeune cœur à elle et ce cœur de déchet, ce déchet de cœur?

Et voici que de très loin en elle remonte, avec quel trouble, une caresse de hérisson. Rien à voir avec le Co, apparemment, sinon que cela se passait dans ces « *bas* » qu'il hantait, avec eux... Elles étaient trois petites filles à avoir trouvé un jeune hérisson. Touché par le pied d'une, aussitôt en boule. La plus audacieuse prit la boule, avec autant de « ouille! » et de « aïe! » qu'elle avait de piquants, entre ses mains, puis sur une main. La plus tendre mima, pour rire, en disant : – Maman!..., la chose la plus folle, la plus impossible, caresser cet oursin gris. Et le plus étonnant se produisit : sous la caresse, la boule se dénoua, se détendit, le petit museau noir apparut, puis les yeux, sous ces formidables sourcils froncés que leur fait d'abord cette cuirasse... Même un hérisson!... La caresse levée, les sourcils se froncèrent à nouveau jusqu'au nez, jusqu'au ventre, la boule se refit. Qui n'aime pas les caresses, toute caresse? Même un hérisson. Essaie, Agnès... Agnès, qui n'était ni la plus audacieuse ni la plus tendre, essaya, du bout des doigts, et c'était vrai... Réapparut le petit visage presque humain... Là aussi, c'était une claire journée, et des sourires, et quelques petites paniques en sourdine sous les sourires.

Et pourquoi lui revient-il également, en regardant le Co un peu plus dangereusement faire un pas vers l'étang, que si elle s'est ainsi rapprochée de sa mère, c'est surtout que l'autre maison, celle de la Cité, portait pour elle ce mauvais souvenir, ce que Léonce ignore, ignorera toujours; cet étudiant qui osait la relancer jusqu'à chez elle quand Léonce travaillait en supplément de nuit... Cette nuit surtout où, sur le bord du lit, de leur lit, à Léonce et à elle, elle avait été à deux doigts... Et comme tout s'enchaîne... Elle ne savait même pas son nom, à l'époque, cet étudiant rencontré au cinéma. Et c'était le fils du docteur Ferrand, le neveu donc de M. Ferrand, à l'égard de qui le père d'Agnès s'est toujours senti en dette, parce qu'il a toujours voulu voir en lui moins un patron qu'un protecteur et un ami. Et pourquoi faut-il qu'au même instant, et le Co n'a jamais été aussi près de l'eau, elle se souvienne comme malgré cela, jeune fille, lui déplaisait le regard sur elle de M. Ferrand, et pourtant c'était bien avant qu'on l'accuse d'avoir empoisonné sa femme malade, puis qu'il soit acquitté?...

Cette boue qu'ont l'air de remuer les pieds du Co, qui heureusement a dû sentir le froid de l'eau, ou l'odeur de l'eau... Il lui tourne le dos, soudain. Il va tout droit, cette fois, par-dessus trous et bosses, comme s'il savait, le plus vite qu'il peut, tâtonnant juste ce qu'il faut. Il abandonne toute idée sur les branches. Il se sauve. Il a eu assez d'émotions pour sa journée.

Le cœur d'Agnès se remet à battre normalement. L'incident n'a peut-être pas duré une minute. Belle journée, calme.

*

Quatre jours après, le bruit s'est répandu dans le village que le Co venait de mourir. Le cœur. Attaque.

Agnès, alors, l'a revu en difficulté sur son bout de terrain, au plus fort de son inquiétude. Puis elle a pensé que personne d'autre ne l'avait vu. Puis que personne ne pouvait deviner qu'elle l'avait vu.

Elle ne s'est naturellement pas posé la question d'aller à son enterrement.

Ceux qui l'ont suivi ont été étonnés du monde qu'il y avait, pour un malheureux comme ça.

BONNE CONDUITE

– Mais il est fou, ce type ! Il le fait exprès, ou quoi ?

L'homme qui crie ne conduit pas mal et n'est pas sans pratique de la route. Il a eu deux ou trois accidents, comme tout le monde, et en a évité quatre ou cinq. Mais là, frein au plancher, il arrête sa voiture entre deux platanes, bien serrée contre le fossé. Il n'a pas oublié de mettre sa flèche, ni de vérifier dans le rétroviseur du haut, par la lunette arrière, si personne ne va lui rentrer dans le cul. Après quoi, il a vu, mais trop tard pour en distinguer le numéro, l'énorme bahut blanc s'éloigner, impérial, souverain, ayant repris sa droite comme si rien n'était. Deux autres voitures, assez loin derrière, le croisaient apparemment sans problème.

– Il a réussi à me faire peur, le con !

– Moi aussi, dit la femme encore jeune.

Et la plus vieille, derrière, entre les deux garçons :

– Moi, j'ai toujours peur. Vous voyez que j'ai raison. Je n'arrête pas de vous dire de faire attention.

Les deux garçons trouvent qu'ils exagèrent, et échangent un coup d'œil pour se le dire.

La CX est un peu fatiguée, d'accord. La route,

Thuir-Perpignan, n'est pas large à cet endroit, aux abords de Toulouges, mais ça n'excuse rien. L'homme crie peut-être plus fort parce qu'il n'est pas sûr de l'opinion de sa femme. Elle peut croire qu'il y a de sa faute dans ce qui vient d'arriver, dans ce qui a failli arriver. Sans parler de la belle-mère, derrière. Et pourtant, il n'y était pour rien. Quand il a vu ce dix tonnes blanc, tout neuf et tout en hauteur, foncer sur lui, peut-être à cent à l'heure, et lui aussi devait rouler à cent, il est passé au mieux dans le peu de place qui restait, sans perdre un centimètre, sans freiner même, parce qu'il sait que son frein tire à gauche, mais il a cru qu'ils y restaient tous les cinq. C'était ou le camion ou le platane.

D'ailleurs, il y a eu un petit choc, et quand on regarde ce que ça a pu être, à l'arrêt, on voit le rétro extérieur rabattu sur la fenêtre, et sa petite vitre étoilée... Il faut passer près.

– Vous avez vu qui c'était?

– Non, on n'a pas eu le temps, dit la femme.

– Moi, dit la vieille, tout ce que j'ai vu, c'est : Capendu.

– Où c'est même, ça, Capendu? lâche l'homme, comme si ça aggravait encore la chose, dans le premier soupir après l'émotion.

*

Au volant du camion blanc, qui annonce en grand : « TRANSPORTS FRIGORIFIQUES », l'homme de Capendu rigole. Il est seul, mais il rigole comme si dix copains allaient le faire avec lui, à l'instant, bien d'accord avec lui sur tout. C'est tout juste s'il ne se tape pas sur les cuisses, lâchant une seconde la conduite, et s'il ne se parle pas tout haut dans le courant d'air, sa fenêtre ouverte.

Il l'a fait exprès, tu parles s'il l'a fait exprès...

*

Le plus marrant c'est l'autoroute.

En général, il suit un gros-cul comme le sien. Sans chercher à le doubler, s'il tient à peu près sa vitesse. C'est plutôt ce qui vient derrière qui l'intéresse.

Rarement d'autres gros-culs. Sauf un plus pressé que les autres, de temps en temps, tous restent à leur place dans le trafic, tiennent leur droite. Les voitures particulières, il les voit arriver de loin. Il a le temps de choisir. Il a le choix. Il y a des Allemands, des Belges, des Anglais. Ça, les Anglais, il a un faible pour les Anglais. A cause de leur conduite à gauche, le volant à droite. Au premier incident, ils sont encore plus déroutés.

Il laisse approcher. L'autre se présente à cent cinquante, cent soixante, c'est la bonne moyenne, maintenant, sauf quand se pointe une petite bleue de la gendarmerie, ou un panneau : « ATTENTION RADARS », et que tout le monde lève le pied un moment, pour repartir de plus belle, le danger passé.

Il laisse approcher. Il voit, de haut, l'autre mettre son clignotant, bien prendre sa gauche... Quelquefois, il la tient déjà depuis une éternité, c'est un rapide. Quand il le voit le nez presque à hauteur de sa roue arrière, lancé pour doubler, à lui de jouer. De toute sa hauteur, il ne manque pas la bonne seconde, il domine la situation. A son tour de mettre le sien, de clignotant, et il déboîte d'un poil. Le malheureux derrière pile à mort !... Il se voit déjà la route coupée, et lui coincé entre cet énorme machin blanc et la glissière de sécurité. Il lit plus ou moins bien : « TRANSPORTS FRIGORIFIQUES ». Ça lui fait un froid... Souvent, on entend ses freins, enfin les pneus qui crient...

Alors là, ça dépend des tempéraments. Il y en a qui ralentissent pour de bon, et on ne les revoit plus. Certains même se rangent sur la bande d'arrêt d'urgence, ou atteignent doucement le premier parking, pour respirer. Mais beaucoup tout de même en reveulent, sont prêts à repiquer au truc. Alors, il remboîte, pour les rassurer, sans pourtant enlever son clignotant. Presque tous tentent l'aventure, après un temps d'hésitation. Ils se disent : il me laisse passer, il a oublié son clignotant, ou il se prépare à doubler après moi... Ils se lancent une deuxième fois.

Alors là, carrément, il déboîte. Pas au point de faire un malheur. Ce n'est pas un assassin. Mais carrément tout de même. Si l'autre, parce qu'il a le courage du chameau qui passe par le trou d'une aiguille, ou pense qu'il ne peut pas faire autrement, continue sur sa lancée, il remboîte juste ce qu'il faut pour le laisser filer. S'il repile à mort, rebelote. On attend la suite.

Mais dans les deux cas, il rigole! Devant ou derrière, le type a eu peur, de toute façon. Le pied sur le frein ou l'accélérateur, il a son compte, le ventre sens dessus dessous. Devant ou derrière, ils te font quelquefois de ces embardées...

*

Alors, là où il rigole, doucement, c'est quand une petite voiture suit un autre gros-cul, sans se décider à le dépasser. Lui, il arrive franco là derrière. Il pourrait les sauter tous les deux d'un coup sans reprendre haleine. Il préfère se carrer sagement au cul de la petite. Souvent, s'ils ne doublent pas, c'est qu'ils n'ont plus beaucoup de moteur, ou c'est l'audace qui commence à manquer. Troisième âge et compagnie. Là, maintenant, coincés comme ils sont, ils se disent qu'ils auraient dû. Plus question. Ils sont trop près de celui de devant pour prendre un peu de vitesse, et celui de derrière leur marche sur la queue, on dirait qu'il le fait exprès. Ils sont bons pour la petite suée. Ils se voient déjà gicler entre les deux masses comme une crème de mille-feuille. Ils voient peut-être dans leur rétro : « TRANSPORTS FRIGORIFIQUES », eux aussi... Il ne peut pas les distinguer, ne voit que leur toit, il devine. Il n'a pas les grands éclats de rire d'autres fois. Mais le temps est pour lui. Il sourit, tout seul, il sourit fin. Il ne fait rien de bien méchant. Il n'essaie même pas de toucher leur pare-chocs. Mais un quart d'heure de ce jeu et ils sont bons pour une cure. Encore, s'ils ne sont pas cardiaques.

*

Qu'est-ce qu'ils lui ont fait ? Chacun, rien. Il ne sait même pas comment ça lui est venu, sans qu'il y pense, sans qu'il décide vraiment : je vais leur faire ça, pour ci ou pour ça. Il s'en est aperçu un jour : il conduisait pour gêner les autres. Pas un assassin. Les gêner, les embêter, rien de plus. Montrer que la place est aussi à lui. Il n'a pas quarante ans. Il a cru à tout, comme tout le monde, il a cru au tiercé, au loto, à l'héritage, sans voir de qui... Et un jour, d'un coup sec, il n'a plus cru à rien. A l'école, il n'était jamais dans les premiers, et il ne s'amusait pas tellement, tout seul, dans son coin. On lui mettait plutôt : « Bonne conduite ». Ça l'a pris sur le tard, quand il s'est retrouvé aux commandes de ce bahut. Il en aurait eu un deux fois plus petit, pour lui tout seul, il aurait été sage comme une image. Deux ou trois ans à faire sa pelote, ce n'est pas les petites magouilles qui manquent, et les frets de retour, et les passages de frontières, il se voyait en acheter un deuxième, bientôt un troisième, avoir sous lui un chauffeur, deux... Tu parles, alors là, il a marné dix ans dans un garage. Dix ans dans un garage, toujours le même, à Capendu, sous un patron qui te dit : – Tu fais ça... Ou bien non, plutôt tu fais ça... Tu feras ça après. Et toi, tu le fais, qu'est-ce que tu peux faire d'autre, les mains noires et l'œil en dessous. Et pendant ce temps-là, les voitures passent. Bien sûr, il a eu la sienne, assez vite, une DS gris-bleu, et bien replâtrée, le moulin surtout, il n'avait pas à se plaindre, sa femme et sa petite fille auraient même aimé qu'il ait plus souvent le temps de les emmener avec, quelque part, faire un tour, une promenade, quoi... Il n'en voulait vraiment à personne. Il cherchait encore un peu comment s'en sortir, à ses moments perdus. Dans ces situations-là, t'as toujours dix types pour te proposer fortune. Il s'en méfiait, ah! il peut dire qu'il s'en méfiait. Maquiller des vols, ravancer des compteurs, tu vois d'ici les mecs... Le plus comique est celui qui lui a dit, un soir de goguette : – Toi, t'es pas communiste, mais t'aurais tout pour, que ça ne m'étonnerait pas... Alors, là, tu parles, le mec, il tapait à côté de la plaque, vachement, vachement à côté. Avec tout ce qu'on dit d'eux, il pouvait aller se rhabiller... Encore heureux que cette boîte se soit montée. « TRANSPORTS FRIGORIFIQUES ». Il conduit bien. Il a toujours bien conduit. Et il n'a pas peur des heures. S'il ne s'agissait que de rouler, de jour et de nuit, il arriverait peut-être encore à se la faire ainsi, sa petite pelote, et son premier camion. Ou au moins une camionnette. Il n'y croit plus trop, mais par moments il fait encore comme si. Le moins gai, c'est qu'il ne voit plus beaucoup sa petite femme, et sa fille, grande maintenant.

*

Alors, là, hors autoroute, les nationales, départementales, mille occasions se présentent. Sans même les chercher, ou y faire vraiment attention, histoire de se distraire, tout bêtement, passer le temps. Il ne fera jamais ça, il ne fera jamais rien de tel à un autre routier. D'ailleurs, ils ont de la défense. Pareil les cars de touristes. Là, métier métier, il joue le jeu. Alors, qu'est-ce qui reste? Les particuliers, ça va de soi. Les conards de particuliers. Et en plus, il y en a de plus en plus, qui embouteillent tout, à glandouiller pendant que les autres bossent. Et pleins aux as ou miteux, il ne fait pas le tri. L'idée lui vient comme ça, selon qu'il est sur une route à trois voies, ou bien arrêté à un feu. Là, alors, une seule fois, il a eu un pépin. Il ne devait pas être bien en forme, des papillons dans les yeux. Le feu passe au vert, il serre un poil à droite, encore un poil... A droite, c'est une GSA verte, un homme et une femme, étonnés. Ils ont déjà démarré, doucement, mais ils s'arrêtent... Qu'est-ce qu'il veut, ce bahut blanc, à serrer ainsi? Mais merde, il va nous accrocher! Nous écraser contre le trottoir? C'est pas possible... Et voilà, le longeron arrière du camion mord dans la portière verte, arrière gauche, presque rien d'abord, une griffe, et il remonte, en appuyant, l'autre portière, avant gauche, jusqu'à la pointe de l'aile avant, et le phare qui saute comme un œil. La bavure. Tout ça au pas, encore, les premiers tours de roue. Et tout ce côté gauche, déchiqueté, c'est le mot. Constat, évidemment, et là, il y a droit, ce qu'il craint toujours un peu, qu'on note son nom, son numéro, on ne sait jamais, et de recoupement en recoupement...

*

La seule, bavure. Au contraire, il fait ça proprement. Il y tient. Professionnel. Deux autres fois, peut-être, il ne sait pas très bien ce qui s'est passé derrière lui. Une fois un virage, une autre fois le brouillard. Il n'a pas trop ri. Mais avoir un doute ne prouve rien, et s'il y en a qui ne savent pas tenir leur voiture ou qui ont des ratés du palpitant, c'est au moins autant de leur faute que de la sienne, non? Au moins autant. Ils n'ont qu'à ne pas prendre la route, comme si elle était à eux...

*

Les deux voies entre platanes, pas très larges, comme là entre Thuir et Perpignan, c'est pas mal. Ils font de bons écarts sur les à-côtés, dans la caillasse ou les gravillons. Quand ils le voient arriver droit sur eux, sur sa gauche, un sacré morceau, tout beau, tout neuf, haut à toucher les feuilles, à casser quelquefois une petite branche, comme la tramontane, « TRANSPORTS FRIGORIFIQUES »... Quelquefois, il vient de doubler et ne se dépêche pas de reprendre sa droite... Quelquefois, il appuie à gauche, sans raison, comme si... Comme s'il s'endormait. Ils s'endorment, des fois, les routiers, c'est connu... Il leur laisse toujours un peu de dégagement. S'ils gardaient leur sang-froid, ils n'auraient rien à craindre. Sa friandise, c'est les ponts. Là, pas de dégagement. Place pour deux, pas plus, entre deux parapets ou deux murs de brique. A chacun de viser juste. Chance égale. Et si tu érafles le trottoir, il te renvoie sur l'autre, les deux ont gagné.

*

Il n'y a pas eu plus surpris que lui quand les gendarmes sont venus l'arrêter. A Capendu. Depuis quatre ans que ce jeu durait, sans un P.V., ils lui reprochaient trois morts. Et encore, à prouver, c'est facile d'accuser.

L'AVEUGLE

Pour tout le monde, sur l'autoroute, ce matin, la surprise est, dans le brouillard, de se voir doubler par une, puis deux, puis cinq, et encore une, six motos noires, la dernière sans phare ni feux de position. Sur chaque moto, un couple, homme et femme semble-t-il, peut-être homme et homme sur la deuxième ou la troisième, mais tous vêtus de noir, de cuir noir sans doute. Seul le dernier est seul sur sa moto. Sans lumière et seul. Il paraît un peu plus petit et léger que les autres, plus jeune? Aucun n'a l'air d'avoir plus de vingt ans.

Le brouillard n'est pas très épais, sauf par endroits, où on plonge la tête la première, autos comme motos, dans une nappe sale, surtout le long du Rhône. Tout de même, le gros du courant roule entre cent vingt et cent quarante, et pour doubler ainsi, à la file, il ne leur faut pas moins de cent cinquante, cent soixante. Les voitures, elles, ne se doublent pas beaucoup, attendant que le brouillard se lève.

La surprise, c'est d'abord, à l'arrière gauche, ce phare unique, puis le bruit de la première moto, ce groupe noir qu'elle fait avec ses passagers... Ce ranh!... du passage en flèche... Puis les suivants : ranh!... et ranh!... Dans la voiture qui se prépare tout de même à doubler, on attend le dernier phare, et on se lance... C'est là qu'on voit surgir le moins attendu de tous, presque invisible, comme dans une vague noire. Il doit faire un écart pour passer... On s'est aussi redressé, malgré tout, pour ne pas le tuer. Tous les chauffeurs, camions, tourisme, camping-cars, quatre-quatre, ont la même impression d'une vague noire, qui suivrait la sixième moto éclairée, et là-dedans ce début d'homme exposé, qui a sûrement plus de mal à suivre qu'aucun autre.

Au bout d'une heure, on les connaît mieux. Ils s'arrêtent souvent. Peut-être à cause de lui, le dernier. On les voit regroupés au bord d'un parking, devant une cafétéria, toujours assis sur leurs motos ou debout, les casques défaits, ou bien on voit leurs motos seules, ils sont entrés quelque part. Après, on les attend sur la gauche. Ils ne vont pas tarder. Les voilà, dans le même ordre, un peu plus vite, un peu moins. Dans le brouillard, qui blanchit tout, leurs cuirs prennent des teintes et reflets d'armures, on les voit raides comme des templiers ou des chevaliers cathares. La différence entre leur vitesse et celle des voitures n'est parfois pas si grande, ils ont l'air de passer plus doucement, comme au trot d'un boulonnais, le moteur joue les lourds sabots. Ce sont de grosses motos, au chant profond et doux. La dernière un peu moins forte, ou plus vieille, ou c'est l'absence de lumière qui la fait moins impressionnante. Ou le seul fait d'être la dernière, ce silence après elle...

Ce sont de ces moments où on échappe mal à cette sensation, la plus déplaisante que donne à connaître une autoroute; tout le monde emporté à la même vitesse, un peu trop vite, mais comme pris dans une glu qui serait une marée, un flot, où la volonté de ralentir ou d'accélérer peut être tenue pour rien, on n'a qu'à s'abandonner machinalement à l'habitude ou à la vigilance des autres. C'est là que quelques-uns clignent des yeux, un par-ci par-là s'endort, sur quelques mètres. Le brouillard donne aussi à ces motards, à gauche, des lenteurs et raideurs de cosmonautes. En général, le flux reste sûr, régulier, sans embûches. Pour que cette sensation devienne agréable, il faut vraiment des circonstances assez rares, le soleil le plus clair, la descente vers les vavances. Là, c'est le contraire, ça monte. On les a vus la première fois vers Narbonne-Vinassan, on approche de Vienne et ils sont toujours là, à s'arrêter, repartir, s'arrêter. Le petit dernier aussi est toujours là, tout le monde vérifie.

*

– Qu'est-ce qui t'arrive, Fanfan?
– Je sais pas, j'ai plus de feux.
– Derrière non plus?
– Rien.
– Qu'est-ce que tu vas faire? Qu'est-ce qu'on va faire?

Port-la-Nouvelle. Rendez-vous à six heures et demie. Le jour commence à vouloir se lever, contre un vilain paquet de brume devant le cap Leucate. Rendez-vous vers le Syndicat d'initiative, devant là où le canal de la Robine est au plus large et où n'importe qui prend parfois des loups énormes, à la sardine, sur le fond. Un coin où il n'y a pas trop de gens à réveiller. On ne fait rien pour, et rien pour ne pas.

Vus de plus près, et pied à terre, chez eux, les onze, les onze de cette fois, parce qu'ils sont parfois quinze, ou dix, pour d'autres randonnées, les onze d'aujourd'hui sont :

Vincent, vingt et un ans en mars prochain. Le premier parce qu'il serait le chef, s'ils étaient la « bande » que certains disent. Ils se passent de chef. Il a plus d'expérience que les autres, rien de plus, il roule en tête. Marin-pêcheur avec son père, un petit chalutier.

Edwige, sa femme. Ils sont mariés. Elle sert l'été dans un minuscule magasin de coquillages, pierres et fossiles sur place; l'hiver à vingt kilomètres de là dans le self d'un supermarché.

Deux autres mariés, Arthur et Gisèle. Lui travaille depuis deux ans à la Nouvelle Nautique, un bon mécano n'est jamais de trop sur la route. Elle ne travaille pas, elle a déjà une petite fille, trop gâtée.

Paulo, de la Cimenterie, qui n'a pas de moto.

Christian, des Pétroles.

Bernard, aussi. C'est Christian qui l'amène, pour la première fois. Il connaissait l'équipe de loin, adoptait ses manières d'être, moto noire, blouson et même casque noir, mais allait seul, plutôt dragueur. Beau mec, d'ailleurs, assez.

Zizi, le seul qui fait du moto-cross, placé tous les ans à Corbères-les-Cabanes. Chômeur organisé, depuis deux ans ça lui convient, il s'arrange, des petits coups de main au noir pour arrondir. Le plus gros du temps, il s'entraîne.

Fanfan, donc, dix-huit ans, qui cherche du boulot, lui, prendrait n'importe quoi, pour commencer. Zizi est de bon conseil, côté ANPE, mais en attendant, sa meule d'occase n'est pas toujours vaillante, et le reste à l'avenant. On le plaint, on l'aide, on l'aime bien.

Hélène, qui a été assez longtemps avec Vincent, avant Edwige. Elle avait commencé avec Paulo, pour deux semaines, pas plus. Depuis, elle a été à Christian, à Zizi, manque que Fanfan.

Raymonde, dix-huit ans comme Fanfan. Personne ne l'a touchée, aussi étonnant que ça paraisse. Elle se défend, en riant, et, une fois compris, on la défend. En rupture d'études, son père médecin. Lui aussi la défend.

– Le jour se pointe, c'est moins coton que la nuit.

– Et les flics seront moins vaches, tous ensemble, que si t'étais tout seul.

– Les deux filles, où elles vont?

– Raymonde? dit Christian. Avec moi?

– Non, dit Raymonde.

Elle hésite devant Zizi, et se hisse derrière le nouveau.

– Hélène? dit Zizi.

– Je suis plus tranquille sur Christian.

– Paulo, t'as pas le choix, dit Zizi. Monte derrière.

Fanfan prend la queue.

*

Le pépin, c'est ce brouillard, qui vient contrarier le petit jour dès avant Narbonne. Trop loin déjà pour laisser partir les copains et rentrer seul à La Nouvelle. La première nappe, on se dit : c'est la Roubine, ça va passer. Puis : c'est peut-être le canal du Midi? Puis l'Aude. Puis l'Hérault. Tout ça coupe l'autoroute, sous des ponts merdiques, qui font tremplin sur les bords, chausse-trappe au milieu. On n'ose plus penser que c'est l'Orb, à Béziers, ou le Lez, à Montpellier, et on attend le Rhône, qui verrouille tout ça, on sait qu'on en a jusqu'à Lyon. – Si j'avais su, je serais pas parti, dira à chaque arrêt Fanfan. Je vous emmerde, en plus.

Pas d'ordre imposé. Vincent-Edwige en tête, Arthur-Gisèle le plus souvent deuxièmes, les autres comme ils veulent, Zizi caracolant, quand ça le prend, de haut en bas de la file ou de bas en haut. Il s'entraîne n'importe où, sur le causse, sur la plage, pourquoi pas sur la route. Il double gaiement en troisième, quatrième position, on sait qu'on ne le corrigera plus. Fanfan, on ne voit pas où on pourrait le mettre mieux. On a essayé au milieu, mais c'était presque pire. Il faisait là un trou noir, comme une dent qui manque. Il est reparti derrière. Quand il a du mal à suivre, Zizi-Paulo rétrogradent, cent, deux cents mètres comme on tombe dans un puits, le suivent avec un air de le pousser, plein phare pour éclairer son retard, et tout se ressoude. Les voitures, elles, sont toujours là, sur la droite, on les oublierait presque, sous l'estompe de la brume, toutes leurs couleurs ont pris un coup de gris. Un tapis roulant gris, ou un train silencieux, dont un wagon, par-ci par-là, déraille plus ou moins proprement pour en doubler un ou deux autres. En fonction de tout ça, sûre de sa vitesse, la file des motos ondule, tranquille, ronronne.

*

Bernard et Raymonde tiennent sagement la quatrième ou la troisième place. Au début, il s'est dit : – Tiens, elle me choisit, c'est chouette, ça... Ils ne se connaissent que de vue, se tutoient évidemment comme les autres en criant dans le vent ou en se retenant de crier aux arrêts. Mais ce court moment où Fanfan essaie le milieu, c'est eux qui sentent le plus ce trou noir, juste derrière eux. Et quand il regagne sa place loin derrière, ils n'arrivent plus à l'oublier. Le trou noir a reculé, il en reste quelque chose en eux. Raymonde sent Bernard plus occupé peut-être de Fanfan que d'elle. C'est contagieux. Quand il jette un coup d'œil en arrière pour voir si le petit ne lâche pas, elle fait comme lui. C'est elle qui pense : le petit. Ce qui peut lui arriver, elle trouve bien que Bernard ne s'en désintéresse pas.

Elle est avec lui pour ça comme pour l'équilibre de la moto. Ne faire qu'un dans les virages comme dans le slalom. Elle se sent plus près de lui dans le souci de Fanfan que si elle lui avait enlacé la taille, les mains nouées devant lui. Elle s'est retenue de le faire, elle ne le connaît pas assez. Elle tient des deux poings le cuir de son blouson. Elle se dit : – Il a l'air bon, ce mec... Et il n'est pas mal, il est fort. Cette vague noire où est Fanfan les suit comme un mur immense, un mur de nuit comme il y a une onde après le mur du son.

Tous les autres ont-ils la même attention qu'eux à Fanfan? Prennent-ils comme eux ces risques d'un regard en arrière? Cette nouvelle pourrait finir là-dessus. Facile. Les onze, à cette vitesse, emportés dans la même gélatine de danger mortel. Moins protégés que les gens des autos, carrossés de cuir, seulement, ils se faufilent entre elles. Le brouillard les fait arriver trop vite, malgré les panneaux avertisseurs, sur les passages à rainurage. Vincent lève la main pour prévenir, se créant une difficulté de plus. On pourrait fort bien voir Fanfan sortir indemne de tout ça, et ce couple, ce demi-couple qui pense le plus à lui, tomber, à cause de ça, dans un accident. Ce serait la chose la moins invraisemblable. Par exemple, il y a pas mal de travaux sur l'autoroute, en cette saison, des voies uniques, des circulations dans les deux sens, séparées par des kilomètres de ces chapeaux de clown rouge et blanc dont on a toujours envie d'emmener un exemplaire chez soi. Par exemple, en jetant un œil derrière, Bernard fait un écart. Par exemple, le chapeau rouge de clown pète devant eux, rebondit fou comme un ballon de rugby. Par exemple, un autre écart pour l'éviter, et le gros-cul haut comme le ciel qui vient en face... Vitesse limitée, mais soixante contre soixante, ça suffit bien, surtout quand les deux trichaient à quatre-vingts ou cent... Par exemple, un de ces grands routiers allemands dont le nom l'a frappée tout à l'heure, Raymonde : « WANIT »... Et elle a évidemment pensé en rigolant à Bossuet : Wanit des wanit, et tout est wanit...

Pas besoin de dire qu'ils n'ont plus la moindre idée de ces dangers. Même Raymonde, la moins aguerrie, sans doute, elle en a tout de même assez vu, derrière Christian, derrière Zizi, pour filer doux au-dessus de toute appréhension. Au contraire, elle est fière de se voir jetée, sans le moindre battement de cœur, dans les passages les plus étroits.

*

Après Lyon, il y a un agréable parking au bord d'un étang. Là, debout, assis dans l'herbe, les casques défaits, les voilà pour quelques minutes redevenus humains. Je veux dire plus humains que les autres. C'est drôle à expliquer, mais d'avoir perdu si longtemps leurs visages, et de les retrouver, les fait plus vivants, dans cette brume qui se décide à se lever.

Les casques accrochés aux poignées ou posés dans l'herbe font autour d'eux comme un rempart.

Ils parlent plutôt bas. Raymonde voit sa main appuyée sur l'herbe près de celle de Bernard. Elle regarde ailleurs pour que personne ne la voie, et son petit doigt n'a qu'un centimètre à faire pour couvrir celui de Bernard. Qui ne bouge pas. Puis se retire... C'est pour se poser à son tour sur le sien.

Elle a eu près peur. Ce temps d'un petit doigt repris et levé, elle n'a jamais eu aussi peur de sa vie.

LE COUP DU LAPIN

HIER, son père lui a dit :

– Maintenant, tu as le choix. Entre la mauvaise route et la bonne.

Il a pris la bonne, un quart d'heure plus tard, sur le canapé du salon, sans même lui enlever son tablier. C'est ça, la fête.

Finie la bouteille de champagne, ses parents tout gaillards étaient allés voir à la cave combien il en restait.

Le bac. Enfin. Sans retard ni avance, mais enfin. Dix-huit ans, et jusque-là, avec ce père-là, tout devait attendre. Quand tu auras ton bac, on verra. Meule, tire, filles, politique, on verra, on verra. Compensation : maintenant qu'il l'a, son bac, Gaspard, la vie, toute la vie n'est que retard à rattraper. En huit jours, s'il le peut. Et c'est formidable, ces choses-là, c'est toujours à la veille des vacances que ça arrive.

– Promis, tenu. Mais fais attention.

Puisqu'il a le choix, il veut la plus belle. La neuve. Et en route. Les premières vacances seul. Lyon, Vienne, ô ville exquise, l'autoroute du Soleil, l'Occitane, et à Narbonne, gauche toute, la Catalane, vers Barcelone, sortie Figueras, pour Palafruegel. Bonne route.

Un peu siphonné, le patouze. A son âge. Pas

tellement la tire. La précedente était bien aussi. Qu'il a bien fait de garder, sinon avec quoi il partirait, lui? Déshonoré, s'il devait conduire la R 5 maternelle. Il réservait sans doute la vieille pour son fils adoré, n'a pas osé lui refuser la neuve, pour une fois, un jour de triomphe, mais ne se doute pas que le fils adoré va essayer de la conserver. Délogé, détrôné, papa.

Siphonné, à son âge, d'oser rouler avec ça au cul. Pas tant question pub, toutes les bagnoles se la font elles-mêmes plus ou moins. Mais ce côté pub BD. En haut du coffre, à côté de *Turbo injection*, oser deux petits lapins qui s'enculent. Joyeusement. Injection. Et plus bas, récidive : *Play boy*, en noir, et le *o*, c'est une tête de lapin rose. Pas possible, la quarantaine passée, et notaire, et à Chambéry, et plein aux as sans grande distraction, il doit commencer à avoir besoin de se vanter. Si pas draguer, faire semblant. Soulevée, la turbo – et il se demande, à peine, si ce n'est pas pour les mêmes raisons – le fils prend le large. Le plus fort, c'est que les petits lapins, seuls les voient ceux qui arrivent par-derrière. C'est à eux qu'ils font la nique : tu vois, la Ford GTE, on ne la saute pas comme ça... Celui qui la conduit ne risque pas d'oublier qu'il a ce dessin sur les fesses. Il n'aime pas qu'on le serre de près. Il appuie un coup, injection, reprend ses distances. S'il faut doubler, qu'un type résiste, injection, et hop! dans le cul, le mec. A plus forte raison quand c'est des filles, on fait durer le plaisir. Un petit coup de siphon, avec le sourire, dépassées... Se rabattre, modeste. Laisser lire, voir... Si elles en redemandent, déboîtent, redoublent... S'il vous plaît... Pas égoïste, relax, on ne demande qu'à se laisser faire. Contentes? Et on repique au truc, les repasse, souverain, et sourire. Le pied au tapis ou levé, tout est dans le pied. Le paternel, lui, devrait y mettre plus de formes. Et d'abord, il n'irait pas si vite. Il n'use que la moitié de son cadran. Et sa moitié à lui, à la place du mort, a l'œil; elle trouve que c'est encore trop vite. Sauf quand c'est pour arriver à sa messe du dimanche, les panneaux noirs qui en donnent les heures, elle n'en rate pas un. Ça la rassure. Et ça la disculpe, d'on ne sait pas quoi.

Avance assurée sur les filles, flèche à droite à la première aire de repos. Elles suivent, s'arrêtent aussi. D'autres filles et femmes regardent les deux voitures arriver, surtout la première. On lit dans leurs yeux, sans besoin de dessin : – T'as vu, cette chignole, super!... Et si jeune... Les deux qui descendent près de lui ont plus de rides que prévu, et un drôle de rire. C'est des gouines? Ou des putes. En passant, une dit : – Ça va, mon petit lapin?

Au lycée de Chambéry, le vendeur de croissants, à la fin de la récré de dix heures, avait son mot, pour les grands, clin d'œil à la clé : – C'est l'heure de la giclée mémère... On rentrait en classe, lui c'était son heure, tous les jours. Disait. Aussi fin, aussi con que cette pub. Lui aussi, il y tenait, à être un chaud lapin.

Tant pis pour celles-là, il y en a plein d'autres sur la route. On repart, et ça repart... Petits jets, seringue, vaccin, qu'est-ce que je leur inocule... Grossier. Six heures de ce jeu, on est fin prêt à tenir le choc d'un petit coin chic. Pas de paroles, des actes, comme disent les notaires.

*

Palafruegel n'a pas de plage. Subtil. Le troupeau passe, va brouter à Palamos, Playa d'Aro... Qui connaît le détour arrive à La Caleilla, la caleilla de Palafruegel, la petite crique préservée, maisons de pêcheurs et hôtels sélects, bon port pour enfants de bonne famille, moins fermé que Sagaro, moins ouvert que Cadaquès, entre les deux.

Du pays, ou venues de loin, plein de nénettes au clair de lune.

La première levée, à la terrasse du bar, veut des *fresas con nata.* Des fraises à la crème. Ça fait repenser au papa. Assez marrant, à sa façon, le paternouze, quand il ne conduit pas. Il lui faut de l'air. Peut-être la poussière des dossiers... Dans un coin de la pelouse, derrière la maison et l'étude, il a fait planter – par sa femme – un coin de fraisiers. Il y a mis une table et un banc de ciment, genre pique-nique d'autoroute. Il l'appelle « l'aire fraise ». Féminin d'air frais. C'est là qu'il faut rire.

Au lit, elle ne rit pas, la première, après. Elle dit :

– C'est déjà tout ?

Le fait est. Il ne sait pas ce qui lui arrive. Ça ne lui est jamais arrivé.

Si la première ne va pas, passer à la seconde. Le lendemain. Et rempot : pas vraiment une faiblesse, plutôt un excès de force. Il veut entrer avant la porte. Mouille la partenaire, à l'extérieur, le ventre, les cuisses, c'est tout. La perfection de l'acte bref. Il savait que ça s'appelait ainsi sans l'avoir jamais vécu. Idem quand, à quatorze ans, son père, venu dans sa chambre, lui a laissé sur sa table de travail un livre de médecine populaire ouvert à la page « Onanisme (masturbation) », il ne connaissait pas les mots mais il a deviné tout de suite. Merci papa, pour les cheveux dressés, la chair de poule et les genoux tremblants à la lecture de ce qui attendait, à plus ou moins longue déchéance, le coupable inconscient.

Un jour de détente avant de passer la troisième. Et c'est pire. Il a si peur de récidiver, qu'il reste mou comme un vieux. Au point mort.

La quatrième était vierge, et l'est restée.

La cinquième, c'est d'habitude la bonne vitesse. Elle a comme une prémonition. Ou elle a été prévenue. Elle est aussi attentive que lui à ce qui va se passer. Il s'applique. Il entre. Victoire. Brève victoire. Elle dit, avec un très fort accent scandinave : – Vous rapide.

Il n'y comprend rien. Cette précocité est sans précédent. Ses premières expériences, depuis deux ans, encore peu nombreuses, il est vrai, se sont déroulées apparemment normalement. Même avec la bonne, la semaine passée, il a pris son temps, enfin le temps que lui laissaient papa maman à la cave.

Il ferait n'importe quoi. Voir un médecin? Essayer une professionnelle? Se confier, demander conseil, mais à qui? Les homos ne manquent pas dans le coin, des deux sexes. Il entreprend de les faire parler, au bar. Antérieur, postérieur, ça leur dit peut-être quelque chose. Il trouve surtout des paresseux. L'un : – L'homme et la femme ne sont pas faits pour aller ensemble. La preuve, c'est qu'ils ne partent pas en même temps. Pour que la femme y arrive, c'est fatigant, vachement, mec...

Il n'a plus de goût à grand chose, il repart. Un jour d'avance. Il va beaucoup moins vite qu'en venant. Il y regarde à deux fois avant de doubler.

*

Papa aussi est rentré plus tôt que prévu. Il est descendu seul, laissant maman à la montagne.

Il dit :

– Ça a été, la voiture?

Il en fait le tour, vérifie qu'elle n' a pas d'accroc. Il ouvre la porte, s'assied, caresse le volant, passe les vitesses, fait un appel de pédale, à vide.

Il a l'air contrarié. Il va et vient dans la maison, on dirait qu'il ne reconnaît pas son terrier.

C'est le désert. Il n'y a que la bonne, bien contente du retour du jeune. Plus très tenté. Il se demande si ce n'est pas avec elle que ça a commencé.

Papa reste une heure assis à l'aire fraise. Et pourtant, il fait gris. Puis il rentre dans l'étude, fait semblant de travailler.

Le fils se décide, va le rejoindre. Même s'embêter, c'est tout de même mieux à deux. Ils parlent un peu de ce qu'ils ont fait, le temps qu'ils ont eu, le bord de mer, l'air des hauteurs, ce qui cloche au chalet. C'est vrai, ils n'ont jamais beaucoup parlé ensemble. Les générations. On dirait qu'ils en profitent.

C'est le moment de rassembler tout son courage. Il n'a jamais eu de problèmes, papa? Quels problèmes? Ah! tu veux dire ca? Ah non, alors, jamais, jamais de problème... Il regarde mieux son enfant. Ça pousse, ça pousse, et on ne s'en aperçoit pas. Il baisse un peu le ton. C'est-à-dire, tu sais, tout le monde a ses hauts et ses bas. Mais autrement, non, vraiment, non, ça roule.

Il se lève de son bureau.

– Tu vas voir, j'ai une idée.

Il sort. Il revient avec une bouteille de champagne.

Ils boivent lentement, pour le plaisir, sans éclats de voix. Ils sont assis plutôt bas dans deux fauteuils. Avec eux, il y a quatre chaises le long du mur, faciles à tirer devant le bureau pour les clients. Il y a le siège de bureau, tournant, à vis flexible, ancien. Il y a aussi, c'est un peu drôle, une sorte de banquette-canapé comme on en voit plutôt chez un médecin. Des bonnes fortunes de notaire? Il y a surtout, du haut jusqu'en bas, du plafond de bois à caissons jusqu'à la moquette tabac, plus usée et salie que celle de la maison, deux des quatre murs archipleins de dossiers écrasants. Sa force, papa, c'est qu'il est fils de notaire. Les plus hautes rangées, les étiquettes les plus jaunes, viennent de son père. Les familles de la région ne sont pas infidèles.

Ils parlent, comme dans le sentiment d'un retard à rattraper. Ils parlent de tout, tout ce qui tenait dans cette sorte de moratoire, large et vague, les « on verra » d'après bac. Parlent métier, travail, argent, situation. Des tas de choses beaucoup plus intéressantes qu'on pourrait croire, la proximité de la Suisse, les mouvements du dollar. Ces jeunes aussi, ils ont quelquefois à vous apprendre, et plus de conversation qu'on n'attendait. Ils s'avouent qu'ils se sentent bien ensemble. Comme si c'était vraiment la première fois. Ils ne voient pas le temps passer. La bouteille, si. Le père s'est levé, est allé en chercher une autre.

– Cette fois, c'est la dernière. Il faudra en recommander.

Il s'est rassis, leurs fauteuils un peu rapprochés. Ils parlent femmes, copains, amitiés, bonheur, la vie, l'idéal. La nuit tombe, et l'un des deux devrait bien se lever pour faire la lumière. En eux aussi, quelque chose descend, s'obscurcit, qui doit être pour une part, grâce au champagne, la conscience. Ils se laissent aller. Ils déconnent. Ils parlent de l'objection de conscience. Objection, votre honneur... Ils ne demandent qu'à s'amuser. Objection, injection... Et l'injection de conscience, alors ?... Ah !... On entend des gouttes. Il doit pleuvoir sur l'aire fraise.

A partir de là, sous leurs rires un peu bêtes mais de bonne compagnie, Gaspard sent grandir en lui autre chose, qui est une sombre et bientôt éclatante rigolade. C'est pas vrai ?... Depuis un moment son père lui touche de plus en plus souvent le bras, les mains. Dans le même temps, c'est sûr qu'il est de plus en plus ému, sentimental, romantique, si pas larmoyant. Il en arrive à allonger son bras sur le dos du fauteuil et en entoure bientôt, protecteur, les épaules du fils fragile. Peu après, ses doigts jouent avec les cheveux qu'il a, le fils, longs sur la nuque. Alors là, sensasse, on tombe dans l'inconnu, l'inédit... L'inceste mère-fils, c'est classique, depuis un pauvre type, un pauvre Œdipe, à Colonne en plus. La langue lourde, même sans parler, jeune ivrogne... Redis-le voir : un pauvre Œdipe, un pauvre type... L'inceste père-fille paraît un peu plus moderne, époque Sagan. L'inceste mère-fille a dû prendre mille formes, en douce. Mais l'inceste père-fils, c'est pas usé !...

Rien ne prouve qu'il serait allé jusque-là, papa, mais Gaspard se lève, sans brusquerie. Il dit :

– Allez ! On va se coucher.

Il est plus grand que son père. Il a sûrement moins l'habitude du champagne, et pourtant il a l'impression de mieux se tenir debout. Sans y penser pour de bon, quelque chose lui dit que ses petits problèmes du bord de mer sont, pour le moins, en voie de résolution. C'est lui qui dirige les opérations. Même pas besoin d'allumer. Il vise la porte, d'où un rai de lumière trace un droit chemin. Il ajoute :

– Bonsoir, papa.

Il le perd en route, peut-être à la porte de sa chambre, plutôt à celle des waters. Confirmation, au moment où il se met au lit, il entend la chasse d'eau. Il s'endort un sourire aux lèvres, ses affaires par terre, un peu partout.

*

L'endemain matin – il n'a pas fini de rigoler dans ses profondeurs – il prend son vélo et va faire un tour. C'est dimanche, il roule sans raison par là où il y a des usines blanches. Un petit groupe HLM, encore neuf et déjà vieux. Il regarde en passant ce qu'il n'a pas souvent vu. Ça lui fait plutôt dégueulasse. Des enfants qui ravalent leurs chandelles. Trois quatorze-seize ans qui font un cercle, comme pour danser, en se donnant des airs de Renaud. Une Mobylette éduquée à faire le plus de bruit possible entre les blocs. Il a envie d'aller sur les bords de l'Albane, voir l'eau. C'est un peu loin pour lui. Il s'arrête à un endroit d'où on voit un beau paysage, d'un peu haut, une vallée, des arbres. Il voudrait admirer tranquille, les pieds au bord d'un tas de petit gravier prégoudronné. Il est dans un vieux monde où on répare encore les nationales. Le ciel est clair, l'air est pur. L'emmerde, c'est les autos. Ça dérange.

JULOT OU L'ÉNERGIE

La crise de l'énergie, Julot, c'est lui qui en est venu à bout, tout seul. A bout, pas tout à fait, mais il est sur la voie. Il a trouvé la voie. Le principe.

Observateur, il l'a de tout temps été. Quand son atelier d'Usinor-Trith arrive à fermer, te le voilà, Julot, en préretraite, pas sans occupation, ses pigeons, son jardin, quand même avec du temps devant lui. Il a l'œil, à tout.

Ainsi, il se fait chauffer l'eau pour son café. Il n'a plus sa femme depuis quatre ans, et de faire tout ce qu'elle ferait la garde un peu près de lui, avec moins de chagrin. Elle n'avait pas toutes les qualités, mais elle revivrait avec seulement ses défauts, il lui crierait victoire comme à vingt ans. Donc, il se fait chauffer son eau, sur celle des deux plaques électriques qui chauffe le plus vite. Et qu'est-ce qu'il remarque, une fois par hasard, et vérifie après, toutes les fois, dix fois, vingt fois : par économie, il ne la laisse pas vraiment bouillir. Elle est saine, elle n'a pas besoin. Celle du puits du jardin, pas du robinet. Si t'aimes bien, bien, le café, ne prends jamais le robinet... En tout cas, il arrête le courant dès qu'il voit les premières bulles monter. Et là, qu'est-ce qui se passe? Les premières bulles devraient s'arrêter, le courant coupé. Eh bien, arrête! c'est le contraire. Il se produit là un phénomène, dont personne ne s'est retourné, et qui donne peut-être la clef de tout, tout ce qui va et tout ce qui ne va pas, dans le monde d'aujourd'hui, avec la mort du charbon, l'agonie de l'acier, le pétrole malade du dollar, l'atomique qui se dilate, la pollution, le déboisement, la faim dans le monde... Une auto, moteur arrêté, au point mort, elle ralentit, elle ne va pas plus vite, sauf... Sauf s'il y a une pente. Un petit phénomène, mais bien curieux, qui serait peut-être du jour au lendemain, si Julot avait eu une miette de plus d'instruction, la pomme de Newton des temps modernes. Etait savant, Newton, mais dormait, c'est tout comme : rien d'un savant, Julot, le premier à l'admettre, mais il ne dort pas quand il s'intéresse à ça. Et bientôt, il n'en dort plus, même la nuit. S'il tenait là une solution, une solution miracle, *el solution miraque!...* qu'il aurait été le seul à voir, et s'il la gardait pour lui, est-ce qu'il ne devrait pas se sentir coupable?

Voilà : le courant coupé, non seulement les petites bulles ne finissent pas de monter du fond, mais il en vient de plus en plus, et qui grossissent, et bientôt ça bout pour de vrai, et bientôt à gros bouillons. C'est-à-dire que, sans courant, ça continue à chauffer, un, et ça chauffe même de plus en plus, deux, pendant un moment. Un bon moment, t'as le temps d'observer. Vous pouvez essayer vous-même, vous verrez. Il a essayé, réessayé, même avec l'eau du robinet, pour comparer, et même surtout le robinet, pour ne pas gâcher la bonne. Ça irait peut-être même encore mieux avec le robinet. A cause du chlore, peut-être, qu'ils mettent dedans. Hypothèse, simple hypothèse, reconnaît Julot, prêt à l'abandonner sans entêtement si plus informé lui dit non. En tout cas, ça marche. Ça marche à tous les coups. Alors, attends : d'où elle vient, cette énergie, Julot s'en fout. Il s'en fout, pas par obscurantisme, mais parce qu'il a compris, de lui-même et tout de suite, que c'est pas le problème. Qu'on lui dise que la chaleur est lancée, déjà prise dans la masse, celle de la plaque et celle de l'eau, la masse elle réchauffe les molécules, qu'on lui dise tout ce qu'on voudra, il veut bien qu'il y a plus compétent que lui pour parler du phlogistique ou de la physiognomonie, mais la question n'est pas là. La question, c'est que t'as disjoncté, tu n'uses plus, tu ne paies plus, et, en deux trois minutes, t'as l'eau plus brûlante que tu l'avais. Calcule une miette. Sur un petit poêlon, c'est dérisoire, d'accord. Mais c'est pas encore l'eau qui fait défaut sur la planète, et propre ou pas propre, la preuve, preuve par le robinet. Ce serait plutôt l'électricité qui manquerait, pour la mise en route, seulement la mise en route. Parce qu'après, au moment crucial, rien, plus un kilowatt, plus un milliwatt, zéro, tout bénéfice. Ce seraient même les bouillons qui feraient l'électricité. Les petites bulles refont les grands torrents. Et le système lancé, la mise en route aussi t'économises, ça tombe sous le sens. Pas le mouvement perpétuel, mais pas loin.

Julot ne dit rien à personne. Plusieurs raisons. Son idée toute bête pourrait être bête, totalement, et on en ferait un conte dans tout le village. Motus. Une sommité quelconque s'approprie sa découverte, et c'est elle qu'on croit, pas lui, ça s'est déjà vu. Ambitieux, il l'a de tout temps été. Mais, ambitieux, qu'est-ce qu'il veut? Son nom dans le journal, un jour? Faire des sous? Surtout rendre service. Avoir été celui qui a rendu service, ne serait-ce qu'un tout petit service, à l'humanité souffrante. Le journal, l'argent, s'ils viennent après, c'est comme une prime, qu'on accepte, mais avant tout on a fait le bien. Et on l'a bien fait. Parce que même le bien, si tu le fais mal, il t'arrive des craques. Pour commencer, bien faire, c'est se retenir de dire, et réussir, tout seul. Après, on dit bravo. Bien faire et les séduire.

Pas vantard au juste, mais avantageux, il a de tout temps passé pour. On aurait vite proclamé qu'il commence à décarocher, qu'il se prend pour quelqu'un, tout d'un coup. Tout de même, il n'y en a pas, des gens simples, qui se sont fait un nom pour des siècles? Jupille, et attends, Machin, et Chose?... On dirait : Jules Hautecœur, Hautecœur Jules, il n'avait pas profité de beaucoup d'école, mais quelque chose lui a paru drôle, et il s'est dit : droit et devoir. Droit comme tout le monde de le faire remarquer. Et devoir, quand il n'y en a plus assez qui savent ce que c'est, qu'un devoir.

Quand il a quelque chose dans la tête, Julot, il ne l'a pas ailleurs, comme une hémorroïde en fleur qui fanerait du jour au lendemain. C'est un obstiné. Il sait revenir sur le clou. Bricoleur, il l'a de tout temps été. Sa femme, parmi ses défauts si on veut, il y avait d'aimer le dernier cri. Elle avait du vieux qui marche bien, il lui fallait du neuf qui marche mal. Des mécaniques, pas toujours à moitié utiles, il en a passé plus d'une dans sa cuisine. Le moderne, ça passe vite. Un appareil cassé, réformé, il a de tout temps récupéré ce qui restait bon. Ce n'est pas forcément les moteurs qui demandent grâce les premiers. Il en a en réserve, des petits et des gros, sans parler de ceux qu'il a réemployés déjà, remis en fonction à droite et à gauche dans la maison et dehors. Il était peut-être parti pour motoriser tout son habitat. Un moteur de moulin à café électrique pour remonter le plomb de l'horloge du grand-père dans la véranda. Avec minuterie. Il a calculé le temps de descente du plomb. Au moment voulu, clic, ça s'enclenche, temps de remontée calculé aussi, encore plus juste, et voilà, c'est reparti pour un tour. L'embrouille, c'est quand il y a une panne de courant, même quelques minutes. L'horloge ancienne et la moderne ne sont plus d'accord. Si tu ne t'en aperçois pas, tu vas à des contrariétés. Du genre vouloir remonter un plomb qui est déjà en haut... Le puits du jardin, un moteur de machine à laver commande à une pompe. Un moteur de mixeur, un des tout premiers – du temps où on s'extasiait d'y mettre un œuf avec sa coquille, il te rendait l'œuf battu, coquille évanouie, et le calcaire, c'est bon pour les os, des enfants surtout –, il actionne une petite scie sauteuse, et tu fais ce que tu veux dans le contre-plaqué. Un moteur de rasoir sur une meule bijou, et t'as des couteaux qui trancheraient Dieu et Diable. Quelquefois, un de ces moteurs réservistes trouve qu'on lui demande trop, et il chauffe. Autant dire qu'il n'est pas tout à fait un débutant, question chauffe. Les bobinages, il s'y débrouille pas mal. L'hydraulique aussi, il a des éléments. Tout ça pour le plaisir, voire un peu pour rire. A l'usine, il était modeleur, il ne touchait à rien de tout ça. Justement, ça lui faisait distraction.

L'invention, la découverte, c'est l'inconnu. Evident. Tout le monde part de zéro, en un sens. C'est comme les trèfles à quatre feuilles, si tu veux vraiment, t'arrives à en trouver. D'abord de l'ordre. Tu mesures. Exact, hein... Temps de chauffe, courant allumé. Temps de chauffe, courant éteint. Le moment de rêve. Le degré quand on éteint. Le degré au plus fort du bouillage. Soustraction. Tout l'intérêt est là. Evidemment, reconvertir, reconvertir tout ça en électricité. Marmite, vapeur, bobinage, on doit pouvoir y arriver.

*

La suite est plus difficile à expliquer, et même à imaginer et même à prendre au sérieux. Ce qu'il faut dire tout de suite, c'est que non, il n'est pas devenu fou. Il a entretenu jusqu'au bout des rapports tout à fait normaux, aimables, avec tous ses voisins, sa famille, les administrations. Il est mort six ans après. Tout ce temps, il avait retenu son aveu ? Sans doute pour les mêmes raisons. On avait bien remarqué un peu plus d'allées et venues, du facteur, d'un transporteur de Valenciennes, trois fois, même une fois de la Sernam-SNCF. On l'avait vu aussi, vers les débuts, monter un mur de parpaings pour fermer un appentis qu'il avait en bas de sa maison, en bordure du jardin. Ça, il ne pouvait pas le cacher. Il disait que ça lui ferait une pièce de plus. Une pièce sans besoin, et une pièce sans fenêtre ? Il avait fait ses parpaings lui-même, avec une machine pas bien grande commandée en kit, par correspondance, aux Trois Suisses, c'est dans le catalogue. Ses parpaings étaient noirs, avec assez de trous, parce qu'il y mettait beaucoup de scories, qu'il allait chercher à la brouette au vieux terril qui brûle, et ceux qui venaient y regarder de près trouvaient drôle qu'il y ajoute un produit jaune, épais, marqué « Isolation thermique ». C'est tout ce qu'on avait comme indices. Quand on a ouvert ça, après sa mort, on n'en croyait pas ses yeux, entre ces quatre murs aveugles, un vrai bunker, papinés du même jaune épais... La seule chose évidente, c'est qu'un système en avait entraîné un autre, du plus petit au plus grand. Il les avait tous gardés dans les coins, même les tout premiers, ceux qu'il avait essayés dans sa cuisine, avec encore rien d'autre que bouilloire, cafetière, thermomètre publicité, etc. Sur les anciens s'était déposé pas mal de poussière. Après, il y avait de tout, des cornues, des serpentins, des éprouvettes avec des pinces de bois, des becs Bunsen, de la tôle, du bois, du cuivre, des ficelles, des naïvetés, des épissures entourées de gutta-percha ou de collant à pansements. Le plus grand système, apparemment le septième, qui tenait bien deux mètres de long au milieu de tout, commençait par une sorte d'alambic, pour finir par ce qui avait toutes les apparences d'une centrale électrique miniature, avec des airs de château de verre, le tout bien assis sur une base de contre-plaqué de marine, où chaque objet avait sa place bien détourée, rien ne bougeait. On ne sait pas si ça marchait ou non, ni ce qui pouvait entrer à un bout et sortir de l'autre. Sur la photo du journal, on ne voyait pas grand-chose, sauf l'alambic, et la roue de vélo, une courroie tendue sur la jante, qui servait à ralentir un mouvement d'horlogerie, en démultipliant, avant une série d'engrenages, dont personne n'a trouvé l'adaptation à un système ou un autre. L'article disait d'ailleurs qu'il y avait là-dedans plusieurs montages ingénieux. Pour le reste, il était écrit sur ce ton mi-admiratif, mi-goguenard, qui tend la perche aux lecteurs de la région, en disant sans le dire : Tout de même, ce qu'ils ne feront pas, les vieux de par ici... Par exagération, pour rire un peu, il renvoyait à Bernard Palissy – sans vraie raison : il n'avait pas touché à ses meubles, tout au plus écorné ses économies, sans faire grand tort à ses enfants. Il rappelait aussi deux autres acharnés, un vers Douai, l'autre à Berlaimont, qui avaient mis le premier deux mille heures à faire la tour de Pise avec des allumettes, brûlées, l'autre deux mille cinq cents le palais d'Angkor avec des capsules de bière. Mais on ne pouvait pas comparer, c'était le contraire : eux travaillaient pour faire voir, le spectacle; lui se cachait, pour chercher l'impossible, comme d'autres faire marcher les autos à l'eau distillée ou les fusées en leur concentrant au cul l'attraction universelle.

Moi qui n'en sais pas plus que lui – peut-être moins, question bobinage –, je fais chauffer le matin l'eau de mon café. J'arrête à l'économie, comme lui, aux premières petites bulles. Je l'ai bien connu, il y a longtemps, il était un peu plus jeune que moi. Je regarde ce qui se passe, dans ce moment de roue libre, de chauffe sur l'aire, et je pense à lui.

MES PREMIÈRES VOLONTÉS

IL y a des jours où le temps est lisse. Allez expliquer ce que c'est qu'être lisse pour le temps... Et d'abord, quel temps? Le temps qu'il fait ou le temps qui passe? Y a-t-il des chaleurs lisses, des froids rugueux, ce qui n'est pas forcément rigoureux? Y a-t-il des minutes qui glissent, ou qui, même sans glisser, lentes, presque immobiles, caressent? Oui. Les deux temps, si différents sous le même mot, ont leur façon, pour lui en tout cas, d'être doux, polis, polis avec lui, ou rudes, râpeux, rêches. Il sait à quoi s'en tenir dès le premier matin, le premier moment du matin, levé avant le soleil. Il le sait à son envie ou non de se mettre au travail. Ou les premières secondes coulent comme une source libre, ou il pressent que les heures à venir n'avanceront que contrariées, cahotées, comme en ces vieilles horloges des gares, des marchés, dont les aiguilles ont de ces secousses, tremblent de sauter un temps, oscillent un peu en avant, un peu en arrière, à peu près au milieu. Le soleil et les nuages non plus ne le laisseront pas vraiment tranquille. La pensée des aiguilles lui fait sentir d'avance dans ses propres membres cette imprécision des gestes d'automates, ou d'imitateurs d'automates. Tous ses membres. Pas seulement ses bras, ses mains au bout, mais ses jambes entières, ses pieds plus ou moins d'aplomb sur le sol, ses chevilles hésitantes ou sûres d'elles, ses genoux souples ou douloureux, ses hanches à tourner le *hula-hoop*, oui, à soixante-seize ans, ou qui, au moins, se souviennent du *hula-hoop*... ou bien ankylosées, bientôt prétrifiées, dures et lentes à dérouiller. Et même, loin des membres, ces quelques muscles secrets, du dos, du ventre, peut-être inutiles ou presque chez tous les autres humains, et qui chez lui entrent en scène, à la joie ou à la peine, quand il sculpte, modèle, pétrit. C'est tout cela qui est à l'œuvre, qui est l'œuvre, son œuvre à lui, mais aussi l'œuvre pour lui des bons jours, des bons temps, ou bien il n'y a pas d'œuvre. Il n'y a qu'une sorte d'ennui qui s'amuse, qui s'amuse de tout.

Lisse, parce que, au fond, tout au fond de lui, il y a un homme qui lisse. Le contraire d'un sculpteur? Minute... Ou alors le contraire de lui-même, dans ses apparences et comportements de tous les jours, ses airs de matamore, ses allures de vieil étudiant des Beaux-Arts, une voix à déranger les pierres. Pas plus costaud qu'un autre, si on veut mesurer, mais qui le paraît, doit le paraître, pour se donner confiance. Il a été pris au même piège que tout le monde. Quand il s'est aperçu qu'il était capable, un peu plus capable que les autres – ils avaient, comme lui, moins de cinq ans – de faire quelque chose de ses mains, de ses doigts, le mal a commencé. Le mal ou le bien? Qu'est-ce qui a entrepris de le façonner, lui? Tout. De Phidias à Michel-Ange, de Rodin à Maillol, qui voyez-vous? Des types plus grands que la moyenne, qui tapent au burin et au marteau. Un labeur hors gabarit. Il y en avait même un qui s'appelait Rude. Coïncidence ou effet d'un curieux travail intérieur, il s'est mis à grandir. A s'étirer, plutôt. Tous ses cognats étaient courts de jambes et de bustes, et assez ronds, hommes comme femmes. L'enfant devant qui on dit légèrement qu'il a peut-être un don pour la sculpture gagne trois centimètres du jour au lendemain, rien qu'en prenant la position. Il se voit marteler et buriner, buriner dur, taper sec, tailler, graver. Avec ça, Auvergnat, ses jeunes années ne pouvaient qu'admirer, merveille de pointe et grand voisin, le fameux marteau-pilon du Creusot, habile à écoquiller une noisette sans la frôler comme à besogner l'acier en tonnes. Le mot écarbouiller est vite entré dans son langage. Devient-on David d'Angers sans les ardoisières? A vrai dire, les muscles n'ont pas suivi tout de suite. Il gagnait en hauteur ce qu'il perdait en chair. Plus de squelette que d'âme, en apparence, et tout en angles, le plus aigu accentué encore, dès qu'il a pu, par une barbette en pointe, collier tournant à l'impériale, peu fournie mais raide comme les premières volontés.

Tout cela était déjà debout, irréparablement, avec des bras interminables, et pas mal de creux, comme on dit aussi des chanteurs, un creux qui attendait encore son véritable habitant, ni plus ni moins que des milliards de coquilles au fond de la mer, quand il s'est avoué, à l'abord de ses trente ans, que la sculpture n'est pas cette gesticulation qu'un vain peuple pense. Plus y fait caresse que violence. Chez lui, surtout. Même la pierre, en taille directe, on ne la frappe pas tous les jours, on l'use, la polit, la cisèle aimablement. On emploie plus souvent de petits outils doux, aux noms doux, la mirette, la gradine. On se sert les paumes plus que des poings, les paumes qui épousent les courbes, les rendent heureuses, et les doigts font le détail, l'un après l'autre, jusqu'au plus petit. Il ne parle guère sans le pouce dressé, un peu comme ces peintres, les yeux plissés, qui accordent tout au nombre d'or. Il ne l'élève pas toujours comme eux au niveau horizon, mais qu'il vous le mette sous le nez ou le cache dans sa poche, il ponctue toujours, ce pouce, la paume l'approuvant par-dessous, un peu tout ce qu'il dit, un mot pour sa femme ou ce qu'il croit devoir vous expliquer, en politique par exemple, où le moins qu'on puisse dire est qu'il sort des sentiers battus. Le pouce droit, le plus exercé. S'il lui arrive de réclamer la parole, c'est ce pouce qu'il lève, pas l'index. Qu'il modèle n'importe quoi, ses doigts ont toujours l'air d'être sur un visage, de femme, cernant un cerne, adoucissant une ride, effaçant une larme, suivant une veine à la tempe. Il a tant de plaisir à doucir, ainsi, pendant des heures, les matières les plus rétives, poncer, gratteler, gréser, lécher, qu'il a trouvé mal nommé le plus usé de ces outils, qu'on appelle la râpe. Pour lui seul, il l'a toujours appelé plus tendrement : la langue, comme s'il se voyait chat à la toilette, à la toilette du monde, dans cet isolement calme, froid parfois, ou torride, où il s'enferme même les jours de fête. Il a comme tout artiste – ou comme tout un chacun – son petit langage intérieur secret, avec lequel il s'engueule ou se félicite, se dit ce qu'il n'aimerait pas qu'on lui dise, ou ce qu'il aimerait. Il s'envoie : – T'es un précieux, au fond... A fignoler, raffiner, finasser tout le temps... Tu parles du précieux!... Il a surtout produit des grandes machines véhémentes, au pied desquelles les enfants se sentent petits, sur des places secondaires devenues pour lui le centre des villes, les centres du monde, en France, en Italie ou en Espagne, en Suisse avant tout... La Suisse, sa préférée, comme pays, au milieu des terres, avec son petit air d'être une place secondaire de l'univers. Il n'a pas New York, ni le Guggenheim. Il n'a pas Paris, ni la fondation Maeght. Mais il en bat plus d'un dans tout le Midi. Devant des écoles, des maisons de la culture, des foyers de vieillards, des hôtels de ville, des chambres de commerce, dans des jardins publics ou privés. Il n'a pas Moscou, mais *il a été eu, et pas un peu,* dans une histoire de jumelage de sa ville, au sud-est de Lyon, avec Krasnodar, où on fait, *paraît,* le meilleur thé de là-bas. Il ne boit jamais de thé, *voguant entre café et pinard, en bon natif du presque Beaujolais,* descendu d'une centaine de kilomètres sans trop le faire exprès, en ces années de jeunesse où il a dû être secrétaire de mairie avant de vivre de son ciseau, et parce que ça le rapprochait de Genève. Toujours la Suisse, il faut que tout y revienne, sauf lui.

Mais ce n'est pas à cause de la Suisse, ni du pinard préféré au thé, qu'il a *été eu* dans cette histoire de Krasnodar. Il était question d'envoyer là-bas, en cadeau de jumelage, une statue de lui. *Pourquoi pas*? Il attendait commande. Elle ne venait pas. Et voilà qu'il lit dans le journal que c'est fait, le jumelage se signe, *et mon machin est parti, et même arrivé. Quel machin? Pas besoin de me le dire deux fois, j'ai deviné tout seul.* Ça ne pouvait être que *le fameux buste,* celui qu'*ils* lui avaient commandé il y a quinze ans, *et payé, d'accord, mais qu'ils n'avaient jamais mis en place, pour des raisons jamais claires, ces cons-là...* A vrai dire, ces *ils* et ces *cons* avaient eu le temps de changer, la mairie un peu plus à gauche, socialo-communiste, comme on dit, *plus socialo que communiste, avec ce coup foireux en plus* : c'est en 1981 que les premiers, socialistes, avaient cru faire plaisir aux seconds, communistes, ou les prendre de gauche, avec ce jumelage. C'était ce qu'on appelait l'« état de grâce », affaire de quelques mois. Le temps des pourparlers, par-dessus la Suisse, plus trace de lune de miel. Divorce à Paris, et saignant, plus de communistes au gouvernement. *S'ils avaient pu se dédire, pour*

Krasnodar, probable que. On dit même qu'ils se sont fait taper sur les doigts, d'en haut... Et déjà pour rester ensemble à la mairie, *honteux et contents,* en attendant *que ça craque là aussi...* C'est dans ce porte-à-faux que sa commande est tombée à l'eau, la nouvelle, *et qu'on, oui, vraiment, qu'on,* s'est souvenu de l'ancienne. *Pourquoi pas*? Où il était passé, ce buste? Ah oui?... Il avait été un moment dans la salle des mariages, tout au début. Il tenait trop de place, fait à l'origine pour rehausser la façade de l'hôtel de ville. Il touchait le plafond, *à donner des complexes aux jeunes mariés.* Il avait été question de l'entrée du cimetière, mais... *Et tu ne sais pas, non tu ne peux pas savoir, où ils l'avaient fourgué pour finir*? Au garage des pompiers. De là à Krasnodar, par la Suisse, *la route était grande ouverte.* C'est comme ça qu'ils auront là-bas, *à se demander qui c'est, un buste d'Edouard. Et tu verras que ces acrobates-là, de la mairie, trouveront encore le moyen de retomber sur leurs pieds en disant que le père Herriot, là-bas, ils l'ont plutôt à la bonne, en tout cas il ne leur crachait pas à la figure comme c'est la mode aujourd'hui... Avec ça, la moins claire des raisons qu'ils donnaient pour l'avoir mis au placard, c'est qu'ils ne le trouvaient pas ressemblant. Alors, un Herriot, à Krasnodar, et pas ressemblant, en plus, va expliquer ça, en russe, aux gamins des écoles. Avec ça que tu ne sais même pas si c'est le russe qu'ils parlent, à Krasnodar, ou un ousbir ou un sabek quelconque, les cons, les cons...*

*

Le jour n'est pas encore levé, on ne voit presque rien. Curieusement, ce qu'on voit le mieux, c'est une brume, une petite brume blanche sur les hauteurs, peut-être parce qu'elle est la première à accrocher un rayon de soleil. On est pris dans un extraordinaire trifouillis d'oiseaux, quelque chose comme un équivalent musical du mouvement brownien, qui emplit tout l'espace, tout l'espace perceptible. Chaque chant, chaque cri, là-dedans, est bien moins qu'une tête d'épingle dans une montagne de foin, mais tient bravement sa partie. Avec un peu d'attention, on peut choisir le plus lointain, le plus faible, et l'écouter à part. Il faut déblayer pour ça la première couche, dominante, des merles, la deuxième, des loriots et rossignols. Sans effort d'attention, ce sont ces premières couches qui le régalent, ces merles si proches, ce concerto noir qui l'envahit, mais qu'est-ce qui le pousse à aller chercher sous tout ça la petite bête? Il sonde d'une oreille cette voie lactée de musique, comme pour y piquer à l'infini la seule étoile vivante, ou comme on s'interroge... S'il le veut, il se trouve trente-six raisons d'avoir travaillé comme ça dans les grandes dimensions. Laquelle est la plus vraie? Qu'est-ce qui vraiment l'a entraîné si loin de son penchant?

Il est là sur ce drôle de petit balcon dont il ne voit plus bien l'utilité. Un balcon à une place. Pour y tenir à deux, il faut se mettre de champ. Un homme et une femme, même la sienne, ça frôle à tous les coups l'obscène, devant, derrière, de face, de dos. Deux hommes aussi, d'ailleurs. Et deux femmes. Et surtout, c'est un balcon de rez-de-chaussée, à trente centimètres du sol. Même s'il craque un jour, vieux comme il est, on ne se fera pas grand mal, on ne tombe pas de haut. Rien d'une porte-fenêtre. Une porte tout court, de vieux bois, et pas large, soixante-dix centimètres, genre porte de grenier, qu'on atteint de l'intérieur en montant deux marches, pour tirer, tout contre soi, à hauteur d'estomac, une barre rouillée. Ça s'ouvre sur une petite rue où il n'y a rien à regarder. Si c'était au premier étage, ou au second, on pourrait penser que ça servait à monter les sacs à l'aide d'une corde, et de là-haut on verrait peut-être encore les montagnes. Il n'y a pas de premier étage, ni de second, donc. Chaque matin, quand il arrive là, il va ouvrir. L'atelier, la nuit, prend toujours des odeurs qui ne lui plaisent pas, d'humidité avant tout, les vieux murs, mais aussi les chiffons mouillés sur des plâtres ou des glaises, compagnie de fantômes blancs, comme des meubles houssés ou des pleureuses face voilée. Il ne se met pas toujours une minute ou deux sur le balcon. L'hiver, il y fait un de ces froids... Il laisse aérer en enlevant quelques linges et en faisant fumer le calorifère. Quelquefois on dirait qu'il entre avec l'air frais quelque chose comme une évidence d'absurdité. Qu'est-ce qu'il fait là? A cinq heures, six heures du matin? Il vient de quitter sa belle maison sur la colline, ouverte au sud, sur toute la ville et la rivière. Il a laissé Nicole dans le lit chaud. Elle a vieilli comme lui, évidemment, elle est restée plume. Edredons de plume et oreillers de plume. Et plutôt vingt-trois degrés que dix-huit dans toutes les pièces, même la nuit. Il s'arrache à tout ça pour venir *se les geler* dans ce qu'il appelle un peu improprement *mon appentis*, sachant bien ce qu'il veut dire. Il n'y a jamais froid le jour. *Le calorifère part mal, mais une fois parti tu ne peux plus l'arrêter. La chair de poule, c'est avant l'heure,* le dur moment à passer, ce premier contact avec l'atelier. Avant l'heure où tout le monde, comme Nicole, aura son compte de sommeil, à *des sept, huit heures, si pas neuf.* Il n'y a que *deux ou trois ouvriers de mon espèce* pour *se payer* chaque matin tempête de neige ou *froidure noire,* ou au contraire *les plus beaux matins du monde,* avant d'entrer, *comme un aveugle, la tête la première*, dans ce qu'il appelle aussi *l'usine*. Il dit *deux ou trois* avec ce ricanement qui est bien de lui, entendant que les vrais ouvriers sont tout de même plus nombreux à se lever tôt, et que lui, s'il leur fait ce clin d'œil, *de bon cœur, pourquoi pas ?...* est tout de même un ouvrier *comme on n'en fait pas beaucoup*. Qu'est-ce qui l'oblige ? Rien. Rien que lui-même, et *ces saloperies de granits, grès, ferrailles, plâtres, poussières*, poussières sur tout, blanc douteux, comme sur le paysage jamais vert aux abords des usines à chaux, sur les murs, les portes, les deux fenêtres, et jusqu'aux lampes nues et leurs longs fils tordus, noués, *ou recollés à la gutta-percha pour ne pas dire au chatterton* – qu'il dit d'ailleurs *ton*, pas *tone*, chatter*ton* –... *tu parles, à force*, à force de les tirer, les accrocher à des clous rouillés, *pour éclairer le travail* par au-dessus, par en dessous... *Il y a des visages, si tu ne leur vois pas les poils du nez en marnant dessus, tu n'en sors rien de bon*. Il y a trente ans qu'il se dit qu'il devrait y mettre des *monte-et-baisse*, comme il y en avait un dans la cuisine de son enfance, mais les monte-et-baisse, même en faïence blanche comme celui-là, *il faut bien qu'ils aient plus ou moins de métal au cul*, qui rouille, et les petites mollettes *auraient vite fait de gripper*, ça grincerait et accrocherait *à tous les tournants*, il s'est arrangé tout compte fait avec ces fils trop longs. Si on les laissait *à eux-mêmes*, les trois lampes *pendraient plus bas qu'à terre*, éteintes ou allumées, *tu vois d'ici le tableau*. L'atelier, étroit, tout en longueur, coupé en trois par ces trois lampes, dans quoi *se mélanger les pieds...* Au repos, elles vont rejoindre leurs trois gros crochets au mur, du type point d'interrogation, rouillés aussi, *pourquoi pas* ? Déjà qu'ici, *le choléra, c'est l'humidité*, et les plombs sautent *plus souvent que le dimanche*. Chaque matin, en allumant, *tu croirais entrer dans une cagna* inhabitée depuis vingt ans. Sauf ses *vieilles connaissances* qu'il retrouve, quittées de la veille, achevées *d'un siècle* ou inachevées, sur des planches, des pupitres, fixes ou tournants, des tabourets, ou à même le sol, de terre battue. Les plus hautes sous, en effet, *une poussière de vingt ans.*

De grand, en ce moment, il n'a que *La Bonté.* En cours. Là, sur son petit balcon, il la sent dans son dos, l'attendre. C'est loin d'être ce qu'il a fait de plus grand. Il s'est raisonné. Tout de même, un marbre de Carrare d'un bon mètre cube, *ce n'est pas un morceau de sucre.* Ce qu'il a fait de plus grand s'est vendu. Le grand se vend. Voilà la vraie raison. Il lui faut soixante-seize ans pour l'approcher, commencer à se l'avouer, depuis un mois. Rien de déshonorant. Il ne va pas se mettre la tête sous un de ses chiffons mouillés. Simplement, *arrivé où j'arrive, à l'âge de faire le détail,* il se rend compte que toutes les autres raisons sont venues en renfort, seulement, de celle-là. Toutes auraient peut-être cédé, petit à petit, devant cette révélation de ses trente ans : qu'il était fait pour *le doux,* et pas pour le brutal, le puissant, le fougueux. Il s'en souvient maintenant, depuis un mois, comme d'une chance perdue. Il était encore temps. A trente ans. Il pouvait encore retrouver sa peau qu'il avait commencé à quitter pour entrer dans une autre. L'exemple des grands anciens, ça se discute. On fait le contraire, *et tu jouis.* L'art a toujours eu l'esprit de contradiction. *On fait dans le fil de fer parce que les précédents ont fait dans le bronze.* Mais non, *ils* veulent du monumental, ILS veulent *du gigant! Vous ne savez pas ce que c'est que le gigant, parce que c'est pas dans les dictionnaires, mais moi, je vais te le vous dire... Ecoutez-les parler des « grandes » œuvres, comme ils disent... Du moment que c'est sculpté, il faut pouvoir y aller du « colossal », du « titanesque », du « cyclopéen », mon œil... Il faut leur faire des enfants de deux mètres... Si c'est pour une maternelle... Même une tête de salon, il lui manque quelque chose si elle n'a pas deux bons doigts de plus que la normale, pour honorer le grand-père, ou soi-même de son vivant...* Ils en demandaient, il leur en a donné. Il ne se dit pas qu'il y a perdu tout ce temps, depuis ses trente ans, qu'il y a perdu sa vie. On ne se dit jamais ça, *dans le métier.* On ne se le dit pas parce que ce n'est pas vrai. Ce n'est jamais vrai. Il faut vivre. Il a fallu vivre. Il faut avoir vécu. Sinon, il n'aurait rien fait du tout, et d'abord pas ce qu'il aime le plus, par exemple sa *Balançoire,* sa *Dormeuse,* sa *Coquille.* Et il ne serait pas là pour faire encore ce qu'il a à faire, ce qui lui reste à faire. Rectifier le tir, si on veut. Et d'abord *La Bonté.* C'est peut-être ce qu'il est en train de faire avec *La Bonté.* Qui sait si elle ne va pas, à elle seule, *rééquilibrer tout ça? Pourquoi pas?* A condition de trouver elle-même son équilibre, *voilà le nœud. Va savoir* si ce n'est pas pour ça qu'il a avec elle ce problème d'équilibre, justement, *va savoir...*

Pour le savoir, il faut y aller voir. Il quitte le balcon – ce n'est pas encore cette fois qu'il sera tombé sous lui – referme la porte. Il est saisi comme tous les matins d'un immense appétit de travail. Il faut dire la vérité. Il y a eu ça aussi : ce grand corps qu'une vieille culture lui a sculpté, *redis-ça un peu voir...* cette grande carcasse en tout cas devenue la sienne... ce grand corps lui aussi *en demandait.* Il a toujours tout fait lui-même. Et pas seulement pour raison d'économie. Son plaisir de dégrossir, par exemple. Débrutir. Il ne dira pas qu'il n'aime pas ça. Il n'a encore qu'une vague idée de ce qu'il veut faire. Il a pris ses points extrêmes, joué du compas... Il pourrait s'en dispenser, il y a des artisans pour ça. Il s'y jette comme dans une bombance, *à corps perdu.* Débrutir. Cette douceur au fond de lui y retrouve peut-être son compte. Les éclats retombent autour de ses pieds. *Ebauche comme débauche.* Il a toujours eu besoin de se fatiguer. Ses épaules, ses longs muscles d'olivier en veulent. Ils en auront. Et c'est un bon gros travail bête, où on ne pense à rien, donc à tout. Il se dit affectueusement : – *C'est toi l'abruti...* Pareil, s'il a fait une maquette, il ne la donnera pas à porter aux mesures, il le fera tout seul. Il y a le treuil dans la cour. C'est pour ça qu'il dit *l'appentis,* comme s'il n'y avait pas de mur entre la cour et l'atelier. La moitié du travail à l'intérieur, la moitié à l'extérieur. Quelquefois il se fait aider. *Quand on va chercher dans les tonnes...* Mais c'est incroyable ce qu'on arrive à faire tout seul, avec l'expérience, le sens de l'équilibre, justement, des points d'appui, des bons appuis, et la volonté, et la fierté. Bien ou mal placée. Et pareil quand il faut livrer. *Pourquoi vous croyez* qu'il a cette vieille camionnette avec laquelle il vient ici, laissant la CX crème au garage?... Le treuil grince, les leviers plient *mais ne rompent pas* et il a toujours *tout réussi à enfourner* là-dedans... Et à nous, les petits pavés... De l'autre côté de la cour, plus étroite et moins longue que l'atelier, habite seule une vieille femme, affaiblie, qui fait quelquefois des yeux comme ça... Elle l'a vu vingt fois, mais elle n'en revient pas, de le voir *s'escrimer* entre ses blocs cubiques et ses géantes nues. Encore, elle ne sait pas qu'il bande comme un Turc, quelquefois. Il y a du faune dans l'air... De la mythologie à la sculpture... Elle lui dit :

– Vous verrez, un jour!... Vous vous ferez une hernie, et étranglée, qui sait?... ou un tour de reins. Surtout que vous n'avez plus vingt ans, vous non plus...

Elle en a dix de plus que lui et lui parle comme sa mère. Sa vieille maison, où il n'est jamais entré, doit être aussi minable que l'atelier. Mais l'atelier, *qu'est-ce qu'il en a à foutre?* Ce qui compte, c'est ce qu'il fait dedans. Les murs, ils pourraient tomber en ruine autour, il s'en apercevrait, mais pas tout de suite. Tout le quartier est aussi vieillot. Il reste des bouts de jardins. La cour en était peut-être un, il n'y a pas si longtemps. C'était la campagne, c'est resté campagne, délabrée, presque en plein centre-ville, avec des viornes pleines de poussière blanche, et cette rivière noire, ce gros ruisseau qui ronge le bas des murs et y fait venir des petites plantes qu'on ne voit pas ailleurs... Dans l'eau, plus rien, sinon des algues comme des chiffons, grises, *et c'est peut-être des chiffons, d'ailleurs, ou les deux...* On sort du quartier par les anciennes petites rues pavées et on tombe le nez sur la grande avenue avec ses tours neuves. Et gare au « stop », *intérêt...*

Le temps est lisse. Il va câliner sa pierre pendant six heures. Personne ne vient jamais le déranger ici. Même Nicole n'y entre que sur invitation. Pas le téléphone. Il a encore deux heures avant que le bruit des autos fasse taire les oiseaux. S'en vont-ils? On dirait qu'ils *reviennent* toutes les nuits dans cette enclave de *cambrousse,* y jouir d'un privilège d'exterritorialité. Les mêmes oiseaux qu'il y a un siècle, quand la ville était encore assez petite et éloignée pour ne pas les gêner là nuit et jour. Il va les entendre se taire, et monter la rumeur des autos.

Il commence, accroupi, ses longs genoux pliés, par entourer la pierre d'un grand cercle du bras droit, admiratif, le pouce levé, pour en épouser toutes les proportions. C'est un peu aussi comme lorsqu'on ouvre un rideau, lorsqu'on dévoile quelque chose, un cadeau, une surprise. *Il y a du théâtral, là-dedans,* alors même que personne ne le voit. Pour la galerie, d'art ou pas. Premier reproche. Il s'arrête net. *Remets ton geste dans ta poche...* Le pouce rentré. *Ou alors, sors-le pour travailler...* Cajole. Où en es-tu? Où en es-tu resté hier? Polis. Use. Patine. Tout est détail. L'ensemble ne demande que respect, le détail veut ton adhésion, totale, profonde, aveugle, un rien inquiétante. La forme naît peu à peu d'une poussière enlevée, une poussière de plus ou de moins... Tu sens approcher le moment où elle va te satisfaire. Mais ce n'est pas une forme qui serait dans tes yeux et que tu poursuis. Trop simple. Cette satisfaction va te dire un accord de l'être tout entier, un petit accord, à la mesure du détail en question, et un détail n'est pas tout. Flambée de grande joie ou petit plaisir de routine, mais de l'être tout entier. Le génie, c'est peut-être de la voir déjà, cette forme, *avant? La perfection dans l'œil. La main écoute.* Deuxième reproche. *Qu'est-ce que t'en sais?* et s'il s'agissait moins de formes que d'une sympathie vertigineuse avec cette matière et le monde en bloc? C'est peut-être pour ça qu'ils n'arrivent pas bien à te classer, et du coup sont toujours à la veille de te soupçonner d'incohérence. Ils trouvent que beaucoup de choses que tu fais sont de facture « classique », trop, à leur goût, et que quelques autres, par-ci, par-là, ne ressemblent à rien, mais à rien, sauf un charme... *Moi, le charme...* Pour toi, pas de différence; dans les unes comme dans les autres, tu as cherché, et trouvé, plus ou moins, ce *point de connivence.* Ce point imperceptible, cette tête d'épingle... où tu te dis, *sans philosophie* : – Ça va. Aussi bête que ça : – Ça, ça va... Tu marches aux « ça va », d'un petit « ça va » à un autre, mais sûr d'avoir raison, *béton! Et pourquoi pas?* Parce que tu te sens bien. Et chasse tous ces reproches comme des moucherons, d'un mouvement de tête, tes mains sont occupées. Et même pas, d'un mouvement d'oreilles. *Fais l'âne, pour avoir la paix.* Tu te sens bien exactement comme là, à l'école maternelle, quand une boule de mastic bleu dans ta main commençait à ressembler à... Ou quand tu voyais dans un caillou, un bout de bois, ce que *tes petits copains* n'y voyaient pas. Et quand tu le leur montrais, tous le voyaient, et certains voulaient le voir mieux que toi... Allez, use, Lime. Râpe. Ne pense pas routine. C'est le travail, c'est *ton* travail.

Il ne l'a jamais autant aimé que depuis qu'il a compris : ce qui commande *La Bonté,* c'est l'envie de faire toute sa place à ce plaisir. Avant d'avoir compris, il avait eu déjà un mouvement dans ce sens avec *Coquille.* Rien de grand, dans *Coquille,* cinquante centimètres de haut. *Sauf que c'était une coquille de cinquante centimètres.* Entre coquille et oursin, il a toujours aimé les oursins pétrifiés. En marbre de Carrare, là aussi, il battait la nature pour les dimensions. Et il s'offrait mille cannelures à ciseler et poncer, sur un arrondi parfait. Mais la *Coquille* n'était encore qu'une récréation. Quand quelque chose n'allait pas dans un autre travail, *travail sérieux,* il se permettait une cannelure, un quart d'heure, une demi-heure, tout à la joie légère de suggérer des transparences, au plus aveugle du marbre blanc, comme s'il forgeait nacre ou porcelaine... Après quoi, en faute, il retournait à plus important.

Est-ce le même sentiment de faute qui revient avec *La Bonté*? Cette différence, déjà qu'il ne peut retourner à rien d'autre. Rien n'est plus important que *La Bonté.* C'est, ce sera peut-être son œuvre maîtresse, comme on dit. *Occupe-toi de ta maîtresse, vieil homme...* et fais avec elle ce que tu auras fait de mieux de toute ta vie... C'est ce qu'il commence et recommence tous les matins, pendant une heure, deux... Sous lesquelles, monte peu à peu, comment peut-il dire?... un malaise, un tourment... D'abord, tout l'amuse et le contente. Mille, comme les cannelures, mille occasions du plus libre plaisir. Ce ne sont plus des cannelures, toutes semblables, ou presque, ennuyeuses s'il avait fallu les produire en série, à la file. Et n'est-ce pas ce début d'ennui qu'il prenait pour un sentiment de faute? Ici, pas un de ces mille motifs qui ressemble à un autre. Tous s'inventent et volent au succès du grand ensemble. La vraie liberté : rien n'est obligatoire et tout est nécessaire. Et puis, qu'est-ce qui se passe? S'il était superstitieux, il penserait sortilège, maléfice, mauvais sort. D'où lui viennent doutes et remontrances? Il n'a rien fait de plus pur, et il se sent coupable. De quoi? De tout et de rien. D'un instant à l'autre, une chose l'inquiète ou son contraire. Le doute, il a l'habitude. *Faut faire avec.* On ne fait rien de bon sans doute... Il y verrait plutôt la preuve qu'il est en train de toucher à ce qui compte, ce qui en vaut la peine. Hors du doute, *tu fais dans la chansonnette.* Il en arriverait à se dire heureux d'être le lieu d'aussi rudes débats, pendant qu'il *bosse...* Mais tout de même, cette fois, est-ce qu'il n'y a pas autre chose?

Par exemple, est-ce qu'il a eu raison de choisir, résolument, de faire de la bonté un homme? Il n'expliquerait pas bien pourquoi. Tout le tirait vers la femme, les femmes. Il y a tout de même eu plus de bonté chez les femmes que chez les hommes. Mais justement... *L'avenir de la bonté...* Dis au revoir au présent. Aimer les hommes, c'est aimer leur avenir. *C'est ça qui est doux, madame...* Philosophe, si quelqu'un ne l'est pas, c'est lui, quand il est à l'ouvrage. La preuve : s'il veut se reposer, se distraire, c'est ce qu'il va chercher à lire, aux antipodes, essayer de lire, les penseurs... Il n'y comprend rien, en général. Pas grand-chose.

Il n'en lit pas grand-chose, d'ailleurs. Quelques lignes, et il rêve. Il s'en va en rêve comme on s'en va en fumée. *Moi, je fais dans le concret; l'idéo, j'en ai rien à...* Si la bonté gagne l'homme, tout est gagné. A moi de le gagner, millimètre par millimètre, poussière sur poussière, comme un écrivain ferait mot à mot.

Il en a tellement pris l'habitude, qu'il éprouvait comme un devoir de faire grand. Ici encore. La bonté, ce sera un homme, assis, loin de toute gesticulation, mais imposant, dans son calme, sa sagesse. Même en largeur, il a fallu lui donner ses aises, un bon mètre, presque aussi large que haut. *Ne me faut tout de même pas en faire un bouddha. Ni un bonze. Un bonze en bronze, encore, ça vaudrait la blague; mais en marbre...* Ça tire vers la boule, la sphère. La bonté, c'est la terre, c'est rond comme la terre. *Ne me faudrait pas non plus refaire ma* Coquille *en majeur. Sur un trépied un peu haut, dix fois elle a failli me rouler sur les pieds, la* Coquille, *et ses soixante-dix kilos...* Insaisissables. Aucune prise pour la soulever. *La Bonté* aussi est insaisissable. Pour la déplacer, il faut la sangler, *et allez, le treuil... Ce ne serait-il pas de prendre une grande récréation, une vraiment grande, la maxirécréation cette fois, peut-être la dernière récréation, que tu te sentirais infâme? Pour une fois que je fais l'économie de tous mes faux-semblants. Qu'est-ce qui m'a filé cette grande gueule, à la mesure de mes « œuvres », et ce physique de théâtre, d'opéra? M'as-tu vu? Tout ce que j'ai fait a été fait pour être vu. Du coup, moi aussi. Même quand je me parle tout bas, on dirait que je déclame. Ici, non. Tous mes angles, arrondis. De quoi je devrais me blâmer? J'ai fait un peu moins balèze, je serais traître à quoi? Les masses, tu rigoles? Où on a été chercher qu'elles voudraient forcément, les masses, du massif, des manifs massives, des maximanifs, du maous, du mastoc? Y a que Prométhée qui est digne de foi... Bon, on ne peut jamais se donner tort d'être, ou d'avoir été, du côté des pauvres, des malheureux, des victimes de l'injustice. De là à porter comme un péché originel, non seulement de ne pas avoir assez fait, mais même d'en avoir fait trop... Tu pourrais t'en vouloir aussi bien d'avoir dû supplier le travail dans des mairies de toutes les couleurs. Et d'avoir parlé plus fort plus tu filais doux. En Suisse.*

*

Ainsi, à peu près, tous les jours. Il débutait dans l'allégresse et finissait dans le marasme. Il était tout de même convaincu d'avoir raison de travailler à *La Bonté*. Il faisait sur le tard ce qu'il aurait toujours dû faire, voilà. Il n'y a pas longtemps, à force de se le voir conseiller par son notaire, il s'était décidé à rédiger son testament. Dès les premiers mots, il avait éclaté de son plus grand rire : « Mes dernières volontés »... *Et puis quoi encore?* Avec *La Bonté*, c'est le contraire. Il n'allait pas se reprocher d'être enfin fidèle à ses premières, volontés? Oui, il avait raison. Et parce qu'il avait raison, il arrivait chaque jour, devant lui-même, à deux doigts de l'insulte. L'incertitude, en tout cas, sortait de ce marbre blanc comme la sueur des bronzes antiques, et il se sentait aussi près du bonheur que du désespoir. Où il allait, avec sa *Bonté*?

*

Il en est venu à bout, un beau jour. *Et allez, le treuil!...* Tout seul, il l'a hissée dans la camionnette. *Pourvu que les amortisseurs ne fassent pas les cons...* C'est chez lui qu'il allait la mettre, dans son jardin, qui est aussi en vue que le plus beau jardin public de la ville. Vue plongeante, de la bretelle du périphérique, *plongeante et tournante,* sur la pelouse, et aux coins déjà quelques bricoles, qu'il n'a pas vendues, *les autos ont le temps de les voir sous toutes les faces.*

Il conduit doucement, prudent pour elle plus que pour lui. Comme à l'égard de tout ce qu'il vient d'achever, mais jamais comme aujourd'hui, il éprouve en pensant à elle – bien calée derrière lui, mais tout de même, tout équilibre est pari... – autant de fierté que de peur.

La dernière petite difficulté est la descente vers l'entrée du jardin.

Bien difficile à dire s'il a senti venir quelque chose. Il tenait toujours le volant. Simplement, il avait redressé le pouce comme s'il avait encore un mot à dire.

Table

DU MÊME AUTEUR

LE MOT « MINEUR », CAMARADES... (E.F.R.), 1949.
LA SEINE A PRIS LA MER, nouvelles (E.F.R.), 1950.
LE PREMIER CHOC, roman (E.F.R.) :
I : AU CHÂTEAU D'EAU, 1951
(Prix d'Etat de littérature, Moscou, 1952).
II : LE COUP DE CANON, 1952.
III : PARIS AVEC NOUS, 1953.
LETTRE OUVERTE À FRANÇOIS MAURIAC, EN LIBERTÉ PROVISOIRE, préface d'Aragon (Ed. des Lettres Françaises).
LEVERS DE RIDEAU SUR LA QUESTION DU BONHEUR, avec illustrations de Fernand Léger (E.F.R.), 1955.
LE BLÉ ÉGYPTIEN, nouvelles (E.F.R.), 1956.
NOUS NOUS AIMERONS DEMAIN, roman (E.F.R.), 1957.
LE FOUDROYAGE, roman (E.F.R.), 1960.
LA DOULEUR, nouvelles (E.F.R.), 1961.
LE DERNIER QUART D'HEURE, roman (E.F.R.), 1962.
FEMMES, QUE VOUS ÊTES... (Editions Sociales).
VIENS DANSER, VIOLINE, roman (E.F.R.), 1964.
ANDRÉ, roman (E.F.R.), 1965.
PIGNON SUR CIEL, nouvelles (N.R.F.), 1967.
BEAU COMME UN HOMME, roman (N.R.F.), 1968.
QUI ? roman (N.R.F.), 1969.
FLEURS PAR ERREUR, nouvelles (Julliard), 1973.
ROMANSONGE, roman (Julliard), 1976.
LA QUESTION DU BONHEUR EST POSÉE, nouvelles (Livre-Club Diderot), 1977.
L'AMI DANS LE MIROIR, roman (Julliard), 1977.
TROIS PAS DANS UNE GUERRE, roman (Grasset), 1978.
DIEU EST UN ENFANT, roman (Grasset), 1979.
16 NOUVELLES (Mazarine), 1979.
L'OPTIMISME LIBREMENT CONSENTI, entretiens avec Pierre-Luc Séguillon (Stock), 1979.
LE MÉDECIN DE CHARME, roman (Grasset), 1980.
LES BERLINES FLEURIES, essai (Hachette-Littérature), 1981.
J'ÉTAIS ENFANT AU PAYS MINIER, (Le Sorbier), 1981.
L'HOMME DE CŒUR, roman (Grasset), 1982.
LES QUARTIERS D'ÉTÉ, roman (Grasset), 1984.
SOIXANTE-QUATRE COQUELICOTS, roman (Balland), 1984.
LE PETIT BOXEUR, téléroman (Temps actuels), 1984.
PÊCHE À LA PLUME (Grasset), 1985.
LA CORRESPONDANTE, téléroman (Temps actuels), 1985.

Dramatiques télévision :

LE PETIT BOXEUR (réal. Jacques Krier) 2e chaîne, 1973.
LA CORRESPONDANTE (réal. A. Douhailly), 3e chaîne, 1974.
LA CROISÉE (réal. Raoul Sangla), Antenne 2, 1975.
LE DERNIER TRAIN (réal. J. Krier), TF1, 1979.
LES PETITS SOIRS (réal. Raoul Sangla), FR3, 1979.
L'AMI DANS LE MIROIR (réal. J.-P. Marchand), TF1, 1980.

André Stil a obtenu en 1967 le Prix Populiste pour l'ensemble de son œuvre.

Ismaïl Kadaré
Avril brisé
Qui a ramené Doruntine ?

Franz Kafka
Journal

Yasunari Kawabata
Les Belles Endormies
Pays de neige
La Danseuse d'Izu
Le Lac
Kyôto
Le Grondement de la montagne
Tristesse et Beauté
Le Maître ou le tournoi de Go

Andrzeij Kusniewicz
L'État d'apesanteur

Pär Lagerkvist
Barabbas

D. H. Lawrence
L'Amazone fugitive
Le Serpent à plumes

Sinclair Lewis
Babbitt

Carson McCullers
Le Cœur est un chasseur solitaire
Reflets dans un œil d'or
La Ballade du café triste
L'Horloge sans aiguilles

Thomas Mann
Le Docteur Faustus

Henry Miller
Un Diable au paradis
Le Colosse de Maroussi
Max et les phagocytes

Vladimir Nabokov
Ada ou l'ardeur

Anaïs Nin
Journal 1 - *1931-1934*
Journal 2 - *1934-1939*

Joyce Carol Oates
Le Pays des merveilles

Edna O'Brien
Un cœur fanatique
Une rose dans le cœur

Liam O'Flaherty
Famine

Mervyn Peake
Titus d'Enfer

Augusto Roa Bastos
Moi, le Suprême

Raymond Roussel
Impressions d'Afrique

Arthur Schnitzler
Vienne au crépuscule
Une jeunesse viennoise

Isaac Bashevis Singer
Shosha
Le Blasphémateur
Le Manoir
Le Domaine

Robert Penn Warren
Les Fous du roi

Virginia Woolf
Orlando
Les Vagues
Mrs. Dalloway
La Promenade au phare
La Chambre de Jacob
Années
Entre les actes
Flush
Instants de vie

IMPRIMÉ EN FRANCE PAR BRODARD ET TAUPIN
Usine de La Flèche (Sarthe).
LIBRAIRIE GÉNÉRALE FRANÇAISE - 6, rue Pierre-Sarrazin - 75006 Paris.

ISBN : 2 - 253 - 04858 - 5

30/6584/4